障害福祉に関する法律・支援・サービスのすべて

明星大学准教授・社会福祉士
鈴木裕介＝編著

はじめに

近年、障害のある人をめぐる状況が大きく変わってきています。
障害のある人を施設に収容する施策から、地域で障害のない人とともに生活する共生社会の構築を目指す方向に舵（かじ）を切り、その実現に向けて着実に歩みを進めてきています。加えて、「障害のある方をノーマル（普通）と捉えるのではなく、障害のある人の生活をノーマルにする」という「ノーマライゼーション」の考え方も、徐々に社会に浸透してきました。

そうしたなか、障害のある人に対する支援、サービス、法律の枠組みなども少しずつ変化しています。

２０１２年、障害のある人の日常生活及び社会生活を総合的に支援するための障害者総合支援法が公布されました。これが現在、わが国の障害福祉サービスの基盤となっています。また、障害者基本法に基づいて多くの法律や制度がつくられており、障害のある人にさまざまな支援・サービスが提供されています。

自立支援、就労支援、医療支援、生活援助、障害者手帳、障害年金……。このように障害福祉サービスは多様です。しかし、その分野は意外と広く、全体像をとらえるのは容易ではありません。

どのような支援・サービスがあるのかを調べるには、自治体のホームページやパンフレットなどを閲覧すればよいのですが、慣れないうちはなかなか理解が進みません。

そこで本書は、障害の種類や歴史、障害者を取り巻く問題をはじめ、障害者総合支援法を中心とする障害者への支援・サービス、都道府県や市区町村が行っているサービスなどを網羅的に紹介しました。

障害のある人ご本人・ご家族はもちろん、これから福祉業界で働こうと考えている人や実際に就業した人、行政関係で福祉の関連部署に配属された人などを対象に、できるだけわかりやすく解説しています。平易な解説文とともに図版を豊富に掲載しているので、障害福祉サービスの全体像を把握するのにぴったりです。

本書がこの分野についての理解を深め、障害のある人のよりよい生活、そして共生社会の実現への一助になれば幸いです。

※本書で紹介している支援・サービスは、自治体によって実施していなかったり、内容が異なったりするケースがあります。詳細については、各自治体で確認してください。

障害福祉に関する法律・支援・サービスのすべて
〈目次〉

Part 1 障害福祉サービスを知る前に

Part 2

障害について理解を深める

Part 3

障害者総合支援法のサービス

Part 4 障害者のための法律と制度

Part 5 障害者を支えるさまざまなサービス

【主な参考文献】

『障害者総合支援法がよ〜くわかる本』福祉行政法令研究会(秀和システム)／『障害者福祉の法律と手続きがわかる事典』若林美佳監修(三修社)／『図解でわかる障害福祉サービス』二本柳覚編著(中央法規)／『障害者のしおり2022・2023』(世田谷区)／『2022 障害福祉のあんない』(横浜市)

【主な参考サイト】

厚生労働省／東京都福祉保健局

Part 1

障害福祉サービスを知る前に

わが国では障害のある人のための法制度が整備され、支援やサービスがたくさん用意されています。それらを知る前に、この章で障害についての基本的な考え方や支援の歴史、問題点などを理解しておきましょう。

この章のメニュー

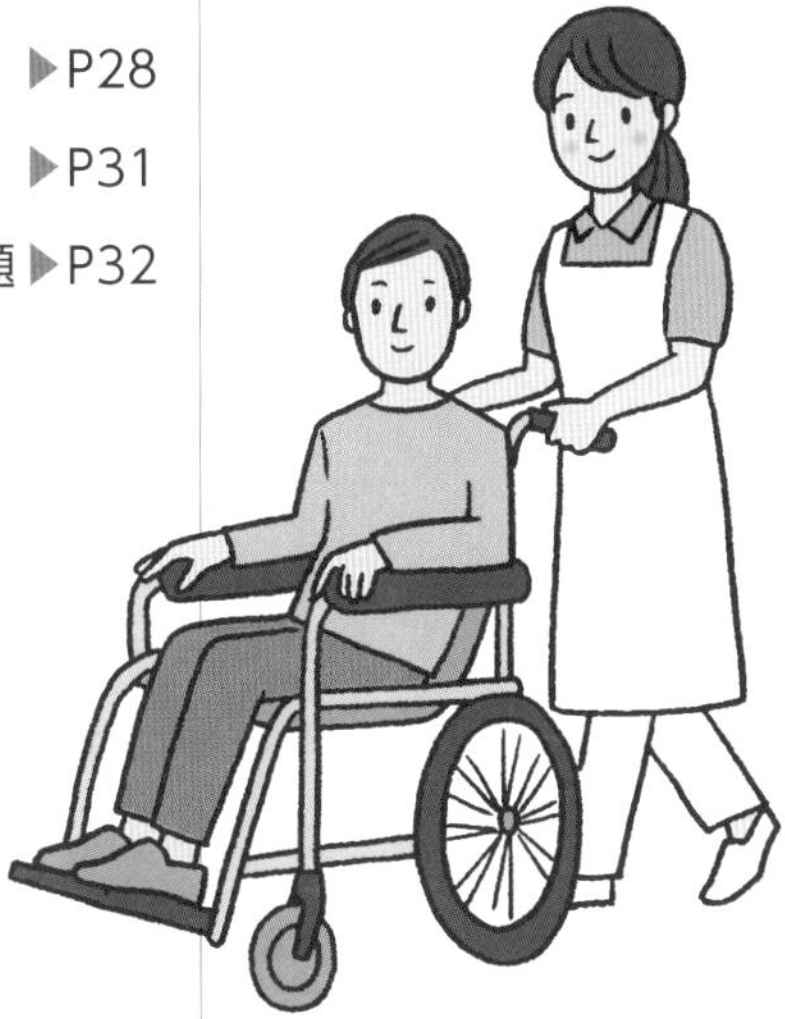

Part 1

1 障害とは何か

障害は「個人の問題」ではなく「社会の問題」とみなされるようになりました

◉「障害の個人モデル」が優勢だった

かつて障害とは、「個人の心身機能の状態のことであり、日常生活や社会生活に支障が出るのは個人の問題である」とされていました。そのため、学校に通えない、余暇活動に参加できない、就職が難しいといった不自由さは、リハビリテーションなどで心身機能の障害を克服するか、家族が補うことが必要と考えられていました。このように、障害は個人に帰属するというとらえ方を「障害の個人モデル」といいます。

１９８０年には世界保健機関（ＷＨＯ）が国際障害分類（ＩＣＩＤＨ）を発表しています。この分類により、病気やけがなどの結果として生じる心身の「機能障害」が個人の「能力障害」を発生させ、日常生活や社会生活に参加する際に「社会的不利」を受ける、ということが示されました。しかし、社会的不利が能力障害を生み出す場合があることや、社会的不利の現れ方に関する環境要因を考慮しにくいといった課題が指摘され、２００１年に改定されることになります。

ＷＨＯが新たに決定したのは、国際生活機能分類（ＩＣＦ）です。この分類では、障害に否定的なイメージを与えるような単語を極力用いず中立的な言葉が使われ、個人の心身の変調や疾病の状態、心身の機能状態、活動の状況、日常生活や社会生活への参加状況、環境および個人に関わる要因がそれぞれ影響し合って、障害（制約）が生じることが表されています。

そもそも「障害とは何か」を考える際、とくに重要なのは環境因子です。たとえば、知的障害があるため

障害の個人モデルから社会モデルへ

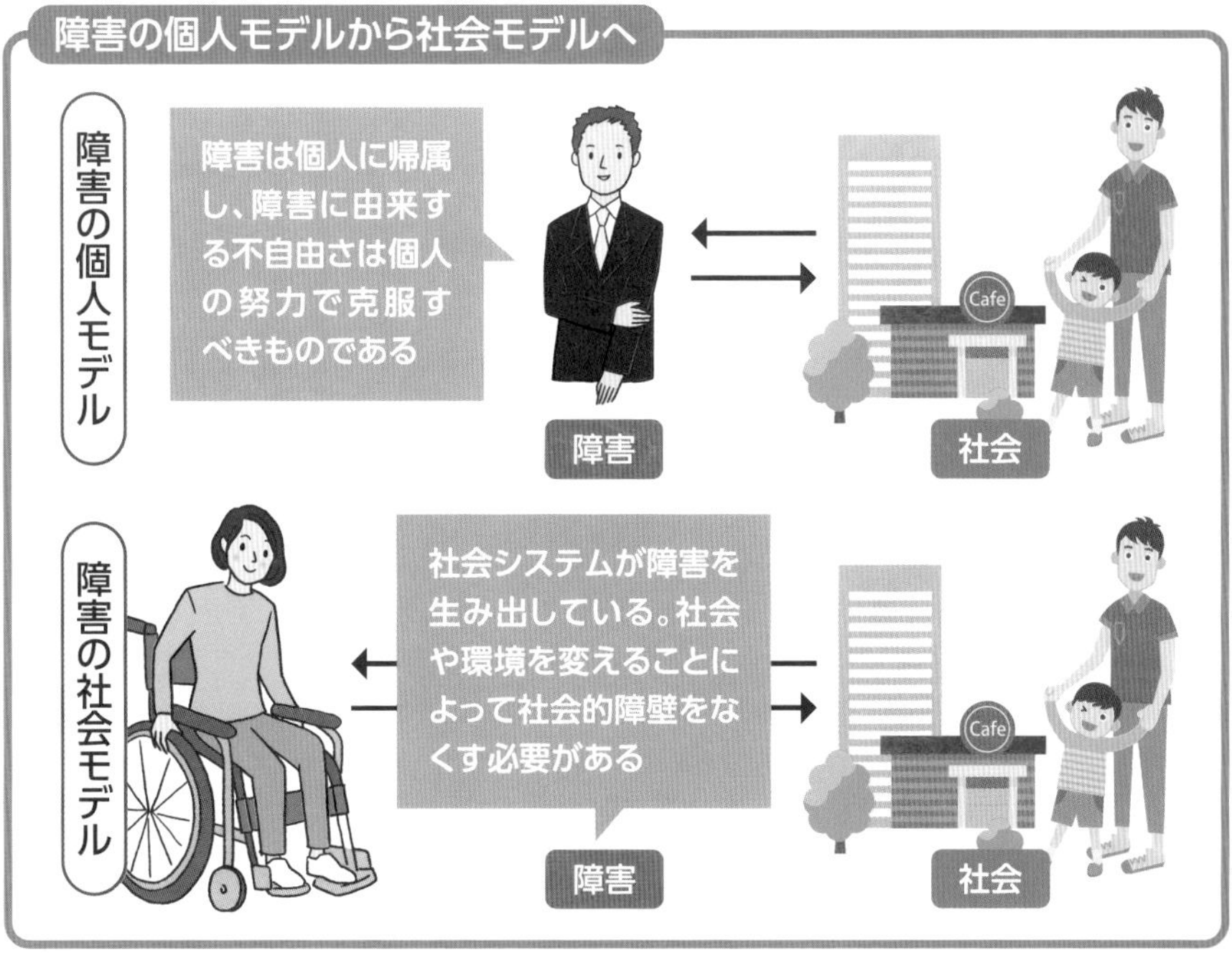
障害の個人モデル
障害は個人に帰属し、障害に由来する不自由さは個人の努力で克服すべきものである
障害
社会
Cafe
障害の社会モデル
社会システムが障害を生み出している。社会や環境を変えることによって社会的障壁をなくす必要がある
障害
社会
Cafe

に複雑な物事の理解に困難があるが、余暇や仕事などの活動に参加していて、将来は結婚して子育てをしたいと望んでいる方がいたとしましょう。そうした望みも、支援やサービスが不足していたり、周囲の無理解があったりすると、叶えられません。「環境」もまた、本人にとっての障害になっているのです。

●「障害の社会モデル」が生まれる

障害に対する考え方は、次第に変化しています。リハビリテーションを心身機能だけでなく社会生活上の諸側面も含めて回復させるものととらえたり、生活の質を向上させることに着目したり、地域での普通の暮らしを目指すノーマライゼーションの理念が普及したりしてきました。その結果、「社会のなかにある障害」が着目され、さまざまな人がいることを前提としていない社会システムが障害を生み出しているという考え方、「障害の社会モデル」が生まれたのです。

障害のある人へ支援を行う際には、環境のなかで障害をとらえ、社会のなかの障害をみることが大切です。

Part 1

2

「生活の質」の重要性

障害者の支援を行う際には、生活の質について考えることが大切です

リハビリテーションの考え方の変化

かつては……

障害のある人たちに可能な限りの有用性を発揮させ、障害のない人たち中心の社会に組み入れることを目的として行うもの

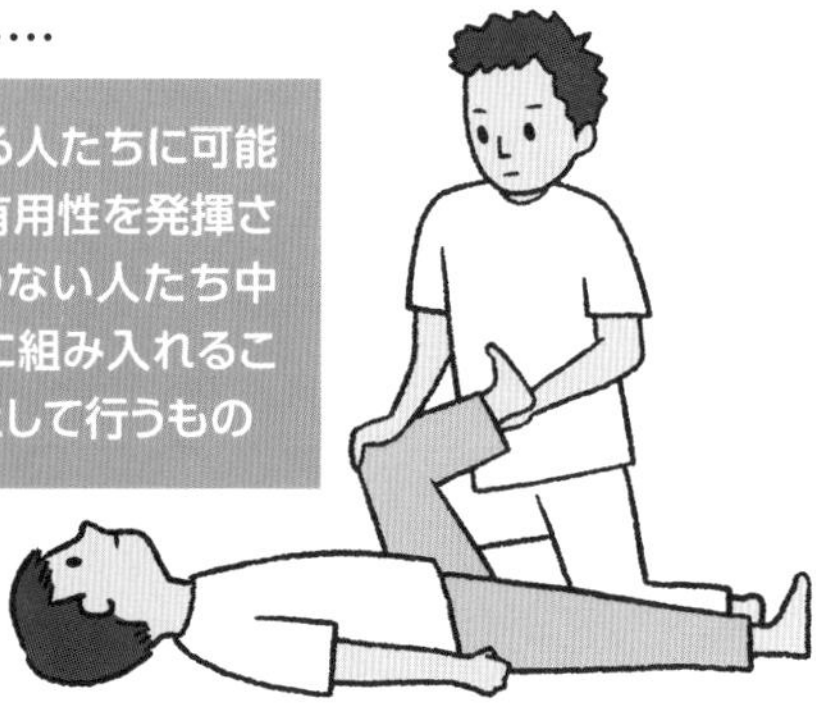

現在は……

障害のある人が自分の人生を変革するための手段であり、生活の質を高めるために時間を限定して行うもの。心身機能だけでなく、生活や人生の多様な側面での権利の回復も含まれる

◉リハビリテーションの考え方

障害のない人たちを中心に考えて、障害のある人たちを福祉の対象と位置づけていた時代は終わりました。現代は、障害のある人が主体的に自分の生活や人生をつくっていく時代です。障害のある人に対するさまざまなサービスや制度も、そのために存在していると位置づけられています。

リハビリテーションの考え方も変わりました。かつてのリハビリテーションは、障害のある人たちに可能な限りの有用性を発揮させ、障害のない人たち中心の社会に組み入れることを目的として実施されていました。それが現在では、障害のある人が自分の人生を変革するための手段であり、生活の質を高めるために時

生活の質の指標

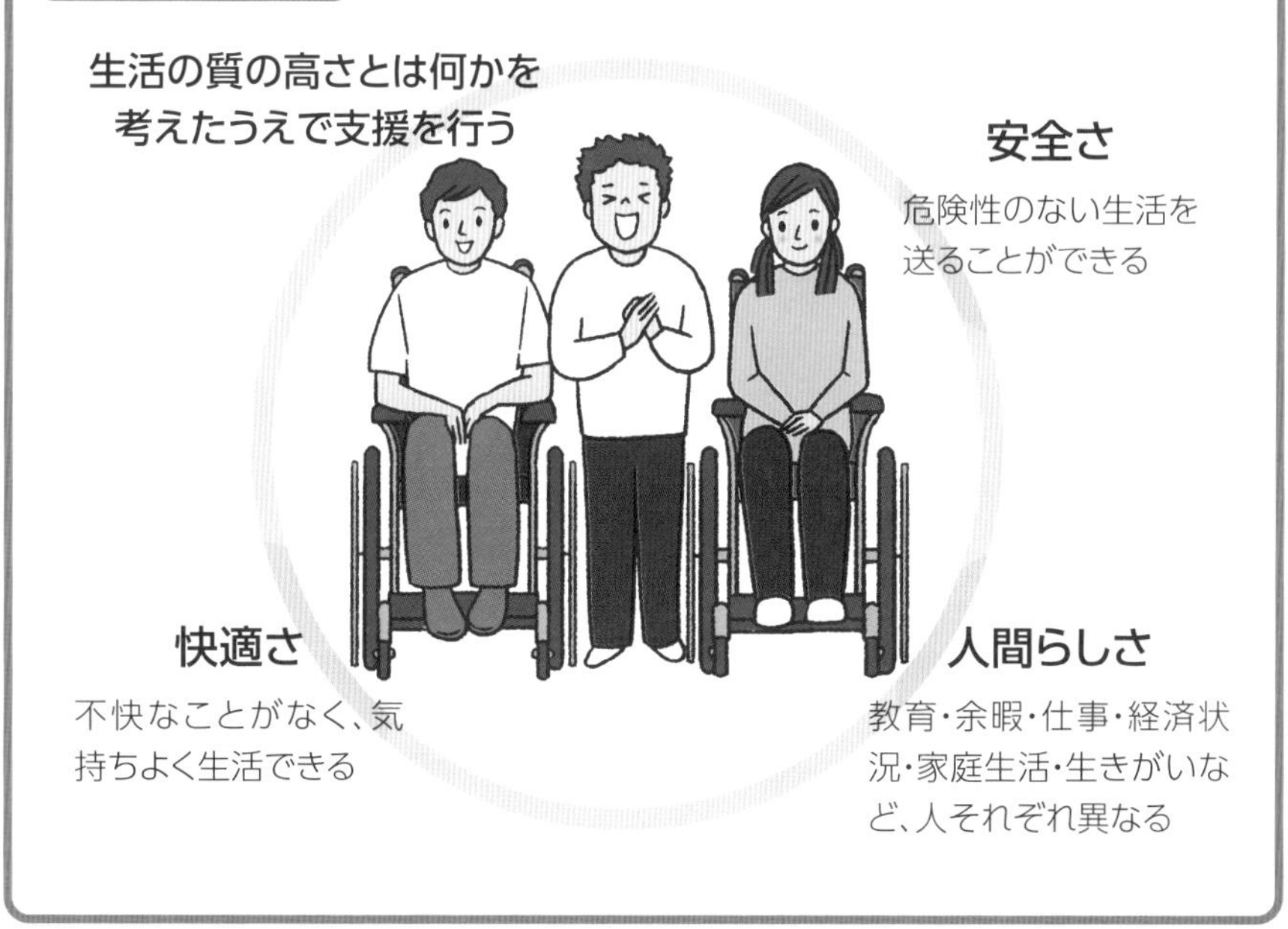
生活の質の高さとは何かを
考えたうえで支援を行う
安全さ
危険性のない生活を
送ることができる
快適さ
不快なことがなく、気
持ちよく生活できる
人間らしさ
教育・余暇・仕事・経済状
況・家庭生活・生きがいな
ど、人それぞれ異なる

間を限定して行うものとされるようになりました。

そして、この「生活の質」について考えることが障害者支援において重要になってきます。

●「生活の質」を考える際の観点

生活の質は、その社会がどういう社会であるかということと深く関わっており、「安全さ」「快適さ」「人間らしさ」が指標のひとつになります。

それらについて考えてみると、まず「安全さ」は、健康、食品、耐震などのように、客観的な指標をつくることができる側面です。「快適さ」については、何を快適と思うかは人それぞれなので主観的な面が強くなりますが、不快指数のように環境に関する客観的な要素も影響します。「人間らしさ」は、社会的な影響が強い側面です。教育・余暇・仕事・経済状況・家庭生活・生きがいなど、その社会が何を人間らしいと捉えているかに関わってくるからです。

障害のある人の生活支援には、その人にとっての生活の質の高さとは何かを考えることが必要なのです。

Part 1

3 国際障害者年

障害者の完全参加と平等を目指すなかで法改正や拡充が進みました

国際障害者年までの流れ

障害のある人の人権が守られていない状況が続く

▼

1971年 知的障害者の権利宣言 ＋ 1975年 障害者の権利宣言

人が人として生きるときに必要なことを障害のある人に保障することを目指し、国連が宣言する

▼

1981年 国際障害者年

国連は1981年を国際障害者年を定め、さまざまな取り組みを行う

転機となった国際障害者年

障害者と障害福祉にとって、大きな転機となった年があります。１９８１年の国際障害者年です。

国連が行った障害者の人権に関する宣言としては、１９７１年の知的障害者の権利宣言と１９７５年の障害者の権利宣言がありました。これらはいずれも、人間としての尊厳や基本的自由、適切な医学的・教育的・職業的・社会的リハビリテーションを受ける権利、経済的補償を受ける権利、社会的活動等へ参加する権利、差別や搾取等の不当な取り扱いからの保護といった、人が人として生きるときに必要なことを障害のある人たちに保障することを目指したものです。

つまり、こうした宣言を必要とするくらい、障害の

国際障害者年後の取り組み

スローガン
完全参加と平等

1981年
国際障害者年
障害者は社会の生活と発展に全面的に参加し、健常者と同様の生活条件を享受し、生活条件向上の成果を等しく受ける権利をもつ

1983〜92年
国連・障害者の10年
各国での積極的な障害者対策を推進すべく提唱する

1993〜2002年
アジア太平洋障害者の10年
国連・障害者の10年の成果を発展させ、完全参加と平等を目指す

理念実現のための取り組みが進むなか、法制度の改正や拡充が行われる

ある人たちの人権は守られていないケースが多かったということです。

そして「宣言」だけではなく、実効性のある対応が必要ということから、1981年が国際障害者年と定められ、「完全参加と平等」のスローガンのもとで、さまざまな取り組みが行われました。

●完全参加と平等を目指して

これを機に、日本においてもスローガンの意味や背景となっているノーマライゼーション（22ページ参照）の考え方が、行政やマスコミを通じて国民に広く知られるようになりました。そして1983年からの「国連・障害者の10年」、その後に続く「アジア太平洋障害者の10年」と、理念実現のための取り組みが続き、法制度の改正や拡充が行われていったのです。

しかし、障害のある人たちが障害のない人たちと同様に日常生活や社会生活に参加する（＝完全参加と平等）社会をつくるためには、まだ多くのハードルがあり、改善するための取り組みが続けられています。

Part 1

4 障害者権利条約

障害者に関する
世界初の国際条約で、
日本も批准しています

●障害者の権利を守る

国連は、２００６年に障害者の権利に関する条約（障害者権利条約）を採択しました。障害者に関する世界初の国際条約です。条約は、宣言や行動計画などと異なり、法的な実効力を有することから、理念を実現していくために大きな意義をもっています。

１９８７年に行われた最初の話し合いでは多数の国が反対し、実現に至りませんでした。しかしその後、障害のある人たちの権利を守ることの重要性が広く認識されはじめると、国連以外の団体からも条約の必要性が提唱されるようになります。そして２００１年に国連は条約制定に向けて動き出し、５年間の歳月をかけて成立させたのです。

日本は２０１４年に批准しました。この条約は、日本国憲法を除くさまざまな国内法より上位の法的効力をもつものとして位置づけられています。

●前文と50の条文で構成される

「私たち抜きに私たちのことを決めないで（Nothing about us, without us）」。これは、障害者権利条約を策定する過程で、障害のあるすべての人たちの共通の思いを示すものとして使われた言葉です。

前文には、障害が発展する概念であること、障害は心身機能の障害のある人と、周囲の態度や環境による障壁との相互作用のことで、他者との平等を基礎として社会に完全かつ効果的に参加することを妨げるものによって生じると明記されています。

障害者権利条約の位置づけ

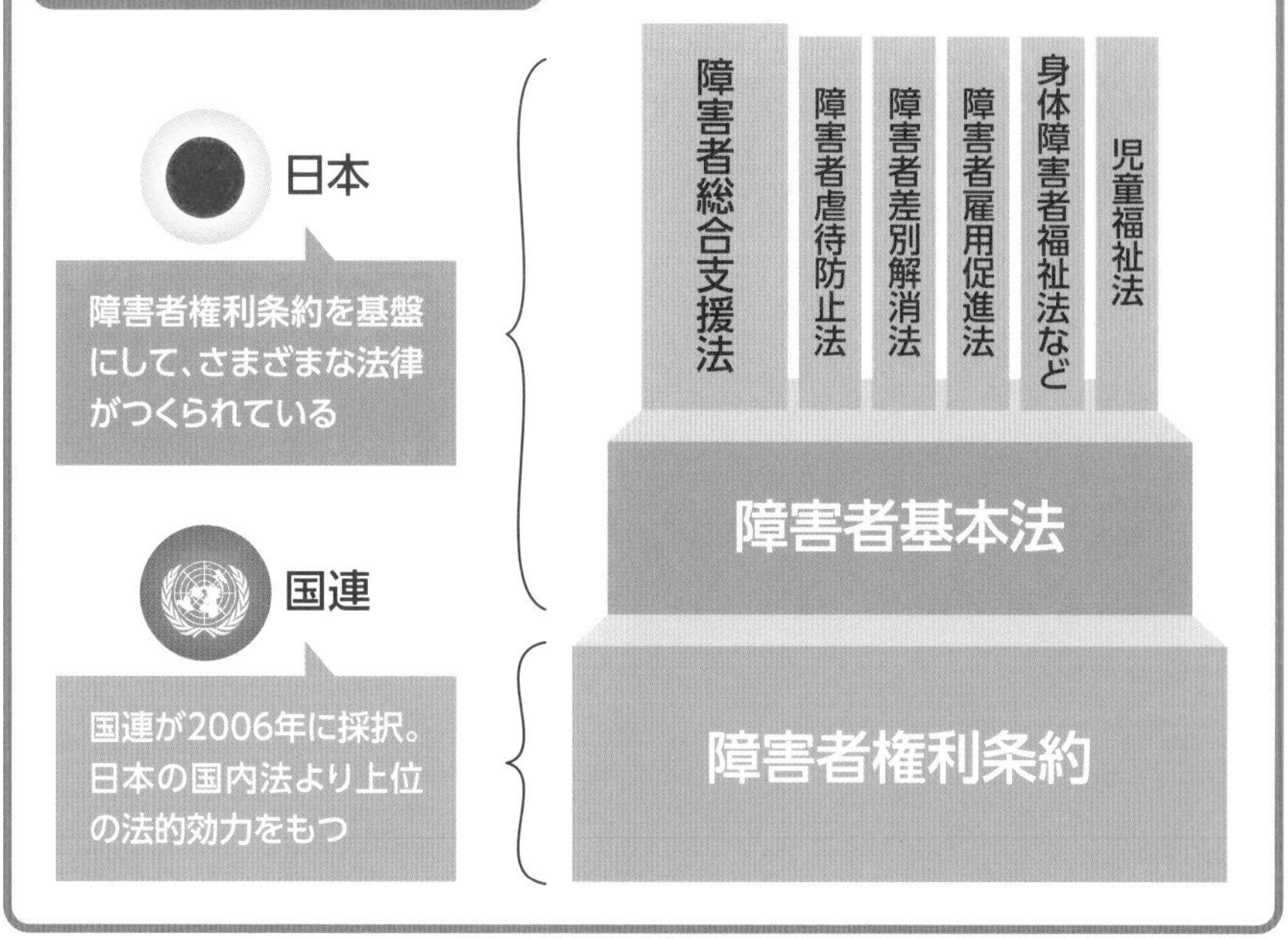

次いで50の条文には、差別の禁止や合理的配慮の提供を行うこと、障害のある人たちが社会に参加し、包容されることを促進すること、条約の実施を監視する枠組みをつくることなどが謳（うた）われています。

●差別の禁止と合理的配慮の提供

差別とは、障害に基づくあらゆる区別、排除または制限のことです。また、合理的配慮とは、他者との平等を基礎として、障害のある個々人に応じて必要になる変更や調整のことで、均衡を失したり配慮を提供する側に過度の負担が生じたりしないものをさします。

つまり教育、役所での手続き、医療、雇用や労働、結婚や子育て、居住地の選定など、さまざまな場面において、障害があるという理由で区別・排除されることなく参加できるようにするための方策を、障害のある人とない人が共に探すことが求められているのです。

ただし、条約に批准してもなお、社会のなかにある障害はなくなりません。多くの課題解決に向けて、踏み出す一歩が重要です。

Part 1

5 ノーマライゼーション

障害者の生活をノーマル化するためには周囲の意識改革が欠かせません

●北欧で生まれた革新的な考え方

ノーマライゼーションとは、1950年代に北欧で生まれた考え方です。「障害のある人をノーマル（普通）にするのではなく、障害のある人の生活をノーマルにする」という意味で、デンマークのN・E・バンク－ミケルセンが提唱しました。

当時、障害のある人たちの人権は顧みられず、地域社会から分離された大規模入所施設の劣悪な環境に置かれていました。その状況に心を痛めた知的障害者の親の会と行政官のバンク－ミケルセンが協働し、1959年に世界ではじめてノーマライゼーションの原理を盛り込んだ法律をつくったのです。

それを機に、ノーマライゼーションの考え方は欧州各地、北米へと広がっていき、大規模収容施設のありようが変革されていきます。

スウェーデンでは、心理学者のG・シレーンが、知的障害者の親の会付属研究所長として、知的障害を環境との交互作用のなかで捉える理論を考案し、ノーマライゼーションの推進のためのさまざまな研究や情報発信を行いました。

シレーンの理論は国際生活機能分類（ICF）の考え方にも取り入れられ、スウェーデンにおける大規模収容施設の解体に大きな役割を果たしました。そして、その後の知的障害のある人の自立観や、自立支援の方法論にも大きな影響を与えています。

ノーマライゼーションが実現するまでの課程を見ると、理念を実現するためには、専門職や一般市民だけ

ノーマライゼーションの原則

バンク-ミケルセンが提唱した
ノーマライゼーションの理念をもとに、
ベンクト・ニィリエが
8つの原則をまとめた

1. 一日のノーマルなリズム
2. 一週間のノーマルなリズム
3. 一年間のノーマルなリズム
4. ノーマルな成長の過程
5. ノーマルな個人の尊厳と尊重
6. ノーマルな性的関係
7. ノーマルな経済水準の保証
8. ノーマルな環境と水準

生活リズム・サイクルに関するものと、
経済・環境・自己決定などに関するものからなる

でなく、障害のある人本人やその家族の意識改革、すなわち、障害の認識に関する変革が法整備とともに重要であることがわかります。

●障害の認識とは何か？

障害の認識とは、「心身機能の障害」をどうとらえるか、「障害のある人（もしくは自分）」をどういう存在として見るかという、障害観・障害者観のことです。

スウェーデンにおける知的障害者のノーマライゼーションの取り組みでは、まず、大規模収容施設などに隔離されていた知的障害のある人たちの生活を一般社会に統合しました。それによって彼ら自身も自信を取り戻し、社会の誤解や偏見も改善されていくと考えられたのです。

生活の場の統合には良い面もありましたが、課題も多く存在していました。そのひとつが、知的障害のある人たちが、自身の心身機能（知的障害の存在）を否定的にとらえてしまい、歪んだ自己理解をすることで自己信頼が低くなる場合があるということでした。

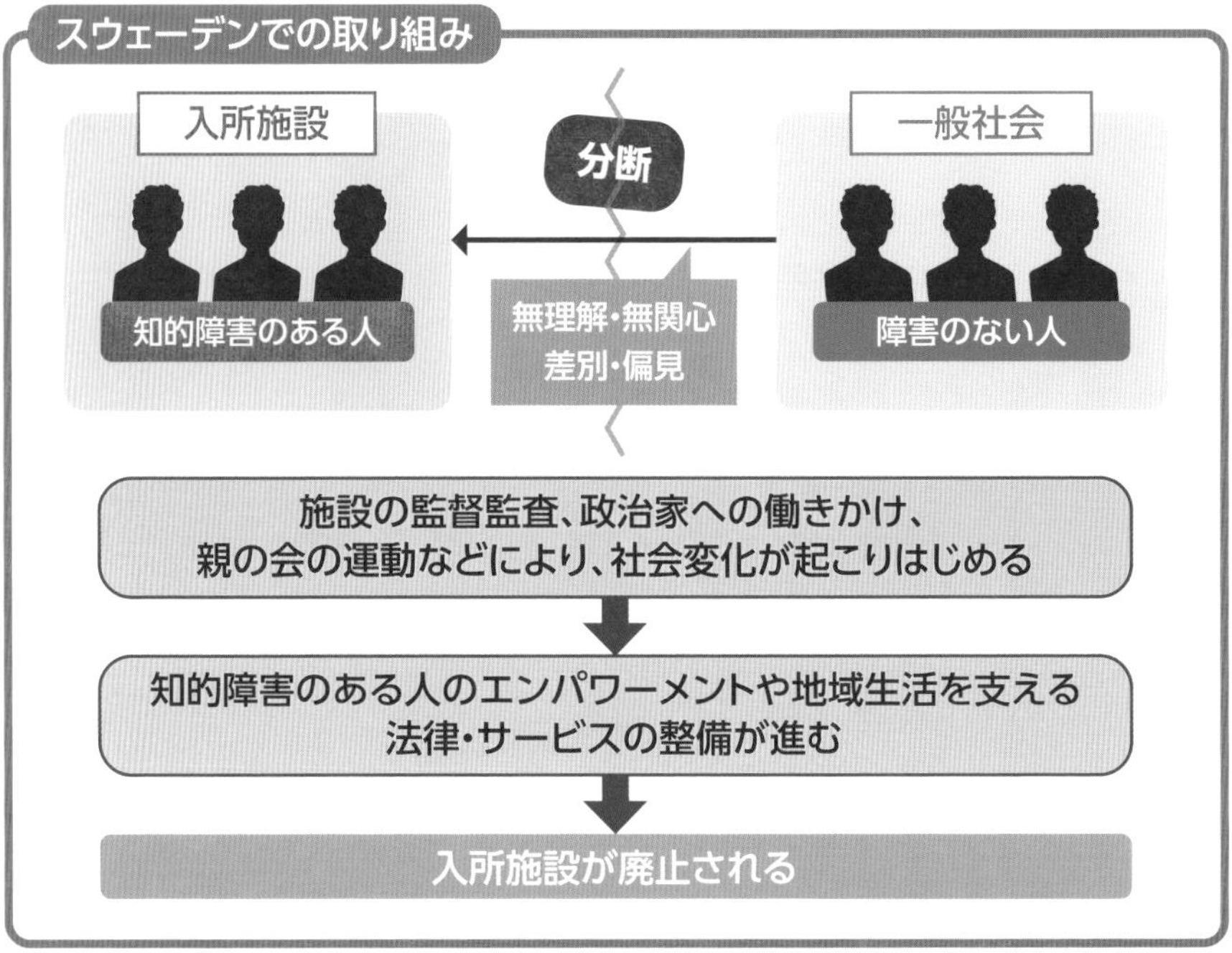
スウェーデンでの取り組み
入所施設
一般社会
分断
知的障害のある人
障害のない人
無理解・無関心
差別・偏見
施設の監督監査、政治家への働きかけ、
親の会の運動などにより、社会変化が起こりはじめる
知的障害のある人のエンパワーメントや地域生活を支える
法律・サービスの整備が進む
入所施設が廃止される

知的障害のある人たちが「自分はほかの人と違っている」「自分の価値が分からない」「自分で選択・決定できない」と感じることを変革する方法として、知的障害のある人たちがグループで話し合い、身近で具体的なことについての望みを表現し、出した結論を実現していくという取り組みが行われました。さらに、身近な人たちが知的障害のある人の自己認識に与える影響も議論され、家族や支援者の障害についての認識を変えるための教材がつくられ、普及していきました。

その結果、知的障害のある人たちの自己決定（意思決定）の力や、支援の方法が向上していきました。一般社会のほうも、「知的障害のある人は何もできないのだから保護すべき」という考え方から、「知的障害のある人は自分たちの状況を発信し、環境を変えていける人たち（権利主体として生きていける人たち）である」ととらえるようになり、認識を変えていったのです。

このように、理念の実現には、さまざまな人たちの意識を改革するための仕組みづくりが必要なのです。

Part 1

6

障害者支援の歴史①

戦後から1980年代までの障害福祉サービスの流れを押さえましょう

時代ごとに施策も変わる

法律や制度は、その時代の障害のとらえ方や、障害のある人の生活に関する考え方の影響を受けて成立し、実施されてきました。

日本における障害者支援は、第二次世界大戦前から慈善救済事業や貧困対策として実施されてきましたが、障害者対象の福祉法がはじめてできたのは戦後のことでした。また、福祉法が身体障害、知的障害、精神障害のように障害分野別に整備されていく一方で、使えるサービスに差があるなどの課題も生じていました。

障害者施策の創設

第二次世界大戦は、数多くの戦傷障害者を生みました。傷痍軍人をはじめとした身体障害のある人たちの更生、すなわち、心身機能の回復や就労のための職業訓練に取り組むことは国としての重要な課題であり、１９４９年に身体障害者福祉法が制定されました。

１９５０年には精神障害のある人への医療、保護の充実、精神障害の発生予防によって国民の精神衛生の保持向上をはかることを目的とした精神衛生法が制定されます。

１９６０年には精神薄弱（はくじゃく）者福祉法（現在は知的障害者福祉法）の制定により入所施設が法定化され、身体障害のある方の職業更生をはかるための身体障害者雇用促進法が制定されました。

創設当時の各法は、障害のある人を保護の対象として捉えていた点に特徴があります。

地域(家族)か、入所施設か

1970年には、心身障害者福祉に関する施策の基本的事項を規定し、心身障害者対策の総合的推進をはかることを目的として、心身障害者対策基本法が公布されましたが、法的な拘束力はありませんでした。また当時は、在宅支援サービスが未整備だったため、障害のある人たちの地域での暮らしは家族が支えることが前提となっていました。

そうしたなか、親亡き後の生活不安を解消するため、障害児・者が安心して暮らせる理想郷としての入所施設建設が各地で進められていきます。入所施設の多くは地域社会から離れた場所につくられ、障害児・者と支援者とで構成される大人数での暮らしであったため、障害のある人主体（個々への対応を重視）ではなく、全体を優先する運営とならざるを得ませんでした。

1980年代に転換の動きが

1980年代には、すでに日本に紹介されていたノーマライゼーションの理念や障害当事者による権利運動、国連の動きが徐々に広がっていきます。1981年の国際障害者年を迎えるにあたり、総理府に推進本部が設置され、障害者団体や関係団体が結束して推進協議会を発足させるなど、機運が盛り上がりました。

制度改革も行われ、身体障害者福祉法の目的として、自立と社会経済活動への参加促進がとらえられました。

知的障害分野では、大きな制度改革は行われませんでしたが、地域福祉制度が徐々につけ加えられていきました。1989年には現在のグループホームに相当する精神薄弱者地域生活援助事業が創設され、親元や入所施設ではない生活の場が制度化されました。

精神障害分野では、病気と生活障害とが共存することから、医療での対応が重視されました。1987年には精神衛生法が精神保健法に改正され、精神障害のある人の福祉の向上が目的に組み入れられます。しかし、生活支援に焦点をあてた施策の拡充がなされていくのは、1990年代になるまで待たなければなりませんでした。

日本の障害者支援の変遷

西暦	和暦	事項
第二次世界大戦前		障害のある人への支援が慈善救済事業や貧困対策として実施されてきた

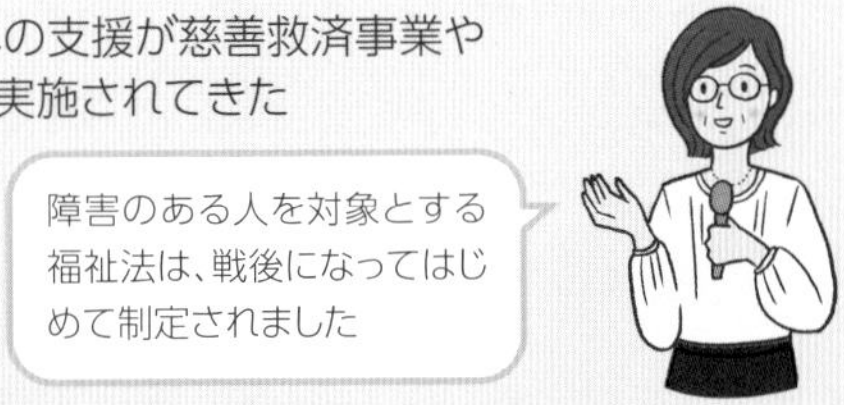
障害のある人を対象とする福祉法は、戦後になってはじめて制定されました

西暦	和暦	事項
1949	昭和24	**身体障害者福祉法**が制定される
1950	昭和25	**精神衛生法**が制定される
1960	昭和35	**精神薄弱者福祉法**(現・知的障害者福祉法)が制定され、入所施設が法定化される
1960	昭和35	**身体障害者雇用促進法**が制定され、身体障害者の職業更生がはかられる
1970	昭和45	**心身障害者対策基本法**の公布。心身障害者対策の総合的推進をはかる 各地で入所施設の建設が進む

この頃、日本にもノーマライゼーションの理念が入ってきました

西暦	和暦	事項
1981	昭和56	**国際障害者年** 日本にノーマライゼーションの理念や障害当事者による権利運動などが広がっていく
1987	昭和62	精神衛生法が**精神保健法**に改正される
1989	昭和64	**精神薄弱者地域生活援助事業**(現在のグループホームに相当)が創設される

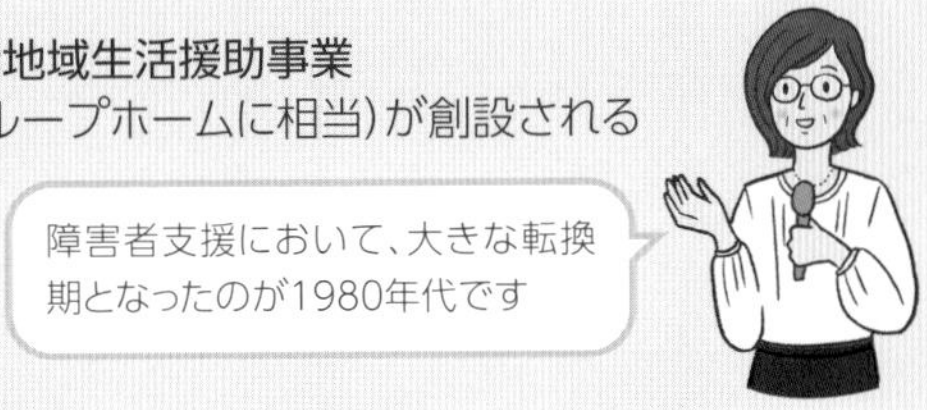
障害者支援において、大きな転換期となったのが1980年代です

Part 1

7 障害者支援の歴史②

普通の生活を目指す制度改革の動きがさまざまな形でみられます

●在宅福祉サービスの整備

1990年に身体障害者福祉法、精神薄弱者福祉法（現在の知的障害者福祉法）の改正が行われ、在宅福祉サービスが制度として明確化されました。

また、1993年には心身障害者対策基本法が障害者基本法に改正され、精神障害のある人が対象に含まれるようになりました。この法律は、その後2004年と2011年にも抜本改正が行われます。障害のある人に関する法令や施策は、基本法の目的や理念などに則って行わなければならないため、基本法が改正されることは大きな影響をもちます。

1995年には、障害者プラン（ノーマライゼーション7か年戦略）が発表されました。2002年には新たに障害者基本計画が策定され、翌年から10年間にわたる取り組みが進められていきます。

●発達障害者支援法が成立

精神保健法の全面的改正が行われたのは1995年でした。名称が精神保健及び精神障害者福祉に関する法律（精神保健福祉法）となり、はじめて「福祉」という言葉が明記されるとともに障害者福祉の理念が取り入れられ、人権をより重視した内容になりました。

また、身体障害・知的障害・精神障害のいずれにも当てはまらない、いわば〝制度の谷間〟となっていた発達障害のある人を対象とした発達障害者支援法が、2004年に成立しました。

雇用の分野では、1987年に身体障害者雇用促進

日本の障害者支援の変遷

西暦	和暦	事項
1987	昭和62	**身体障害者雇用促進法**が**障害者雇用促進法**に改正され、知的障害のある人が対象に含まれる
1990	平成2	**身体障害者福祉法、精神薄弱者福祉法**（現・知的障害者福祉法）が改正される
1993	平成5	心身障害者対策基本法が**障害者基本法**へ改正され、精神障害のある人が対象に含まれる
1995	平成7	**障害者プラン**（ノーマライゼーション7か年戦略）が発表される 精神保健法が全面改正され、精神保健及び精神障害者福祉に関する法律（**精神保健福祉法**）となり、はじめて「福祉」という言葉が明記される
2002	平成14	**障害者基本計画**が策定される
2003	平成15	**支援費制度**が導入される
2004	平成16	発達障害者を対象とした**発達障害者支援法**が成立する
		障害者基本法の抜本改正が行われる
2005	平成17	**障害者自立支援法**が成立する
2006	平成18	**障害者雇用促進法**が改正され、精神障害者が対象に含まれる
2011	平成23	**障害者基本法**の抜本改正が行われる
2012	平成24	**障害者総合支援法**が制定される
2013	平成25	**障害者差別解消法**が制定される

障害者基本法は、障害者に関する法令や施策の基盤となる重要な法律です

精神保健福祉法ではじめて「福祉」という言葉が明記され、人権がより重視されるようになりました

障害のある人に対して総合的な支援を行う障害者総合支援法の制定は、近年の障害者福祉関連の出来事のなかで最重要のトピックとなりました

法が障害者雇用の促進などに関する法律に改正され、知的障害のある人が対象に含まれるようになりました。さらに2006年の改正では精神障害のある人（精神保健福祉手帳所持者）も対象になるなど、その後も時代に合わせて何度も改正が行われていきます。

契約に基づく利用と制度の一本化

障害のある人を権利の主体として位置づけるには、障害のある人が自分でサービスを選択して契約するというプロセスを行えるようにすることが必要です。2003年、行政が福祉サービスの必要性を判断し内容を決める手続きである措置制度から、契約に基づいてサービスを利用する支援費制度が導入されました。

そして、障害種別の格差をなくし、障害のある人がより働ける社会にするための就労支援強化などを目的に、2005年に障害者自立支援法が成立しました。

障害者総合支援法が成立する

障害者自立支援法が抱えていた、サービスの利用量の判定方法、地域生活支援、就労支援、費用負担等のさまざまな課題を解決するため、2012年に成立したのが障害者の日常生活および社会生活を総合的に支援するための法律（障害者総合支援法）です。

当時は、障害者権利条約に批准するために国内法を見直す必要があり、障害のある人たちや家族団体の代表も数多く参加した検討会議で議論された結果、「障害者総合福祉法の骨格に関する総合福祉部会の提言」（骨格提言）がまとめられます。それを受けて、2011年に障害者基本法の改正、2012年に障害者総合支援法の制定、2013年に障害を理由とする差別の解消の推進に関する法律（障害者差別解消法）の制定が行われたのです。

しかし、総合支援法は自立支援法の枠組みを強く引き継いでおり、障害者権利条約を検討の基礎とした骨格提言と比べると、目指す社会観や障害者観、目的などを含めて多くの違いがあるといわれています。障害のある人たちが権利の主体として平等な市民として参加できる社会の実現には、さらなる改革が必要です。

Part 1

8 障害者支援の課題

現行の制度に内在する矛盾に気づくことができるかどうか

◉権利主体の実現に向けた制度の実質化

障害者福祉に関する法制度には目的があり、その背景には障害のある人の暮らしや支援をどうとらえるかという人間観・障害観・支援観が存在しています。

障害者権利条約を障害のある人の完全参加と平等を目指した到達点のひとつとするならば、現在の法制度との間に矛盾がある場合には、法改正などの対応をしなければなりません。そのためには、法制度に基づくサービスを使う側・提供する側が、ともに現行制度ありきで考えるのではなく、内在する矛盾に気づくことも重要です。改善の訴えは、たとえば、地域の障害者自立支援協議会や市区町村の委員会、障害者団体や家族会、職能団体に伝えることができます。

障害のある人が権利主体であるためには、意思決定が重要ですが、日本では代理決定や代行が多い現状があります。どんなに重い心身機能障害のある人も決定する力をもっているという前提に立ち、それを支援する方法を拡充するのか、心身機能障害が重いから周囲の者が代わりに決めるほうがよいとするのか――。この考え方の違いは大きな分かれ道になります。丁寧な意思決定支援には時間も人手もかかります。人は生活体験のなかから物事を選びとる知恵を身につけていく生き物ですから、経験不足の場合には体験を保障することからはじめる必要もあるでしょう。

障害のある人、家族、支援者、地域社会の人たち、制度・政策づくりに関わる人たち、それぞれの意識改革は、これまでも、そしてこれからも大きな課題です。

Part 1

9 障害者を取り巻く問題

障害福祉サービスは充実してきましたが、まだ多くの問題が残されています

制度をまたいだときに不便が生じる

障害福祉サービスは次第に充実してきています。しかし、それでもまだ十分とは言い切れず、多くの問題が残されています。ひとつは、複数の制度をまたぐ利用への対応です。

障害福祉サービス利用者が65歳に達した場合、同様のサービスがあると、介護保険サービスが優先されるため、使い慣れた事業所やヘルパーを変えなければならないなどの不便が生じます。同一事業所が介護保険サービスと障害福祉サービスの両方を提供する共生型サービスが創設されたことにより、現在では多様化・複雑化しているニーズに対応しやすくなっていますが、それでもなお、対象別に根拠法が分かれていることによるサービスの使いにくさや分かりにくさが残されており、さらなる改善が必要とされています。

高齢化問題に直面する家族介護

主たる介護者が家族である場合、高齢化に関連して発生する問題も無視できません。

たとえば、軽度の知的障害のある人が高齢の親の介護をしているケースでは、親のためのサービス内容を理解したり契約手続きや金銭管理を行ったりするために支援が必要になると想定されます。また、高齢の親が障害のあるわが子の介護を長年にわたり担っているケースでは、親が子のケアをすることを生きがいのようにしていて、親子分離やサービスの適切な利用が難しくなってしまうことがあります。

主な障害福祉サービスにおける65歳以上の利用者の割合

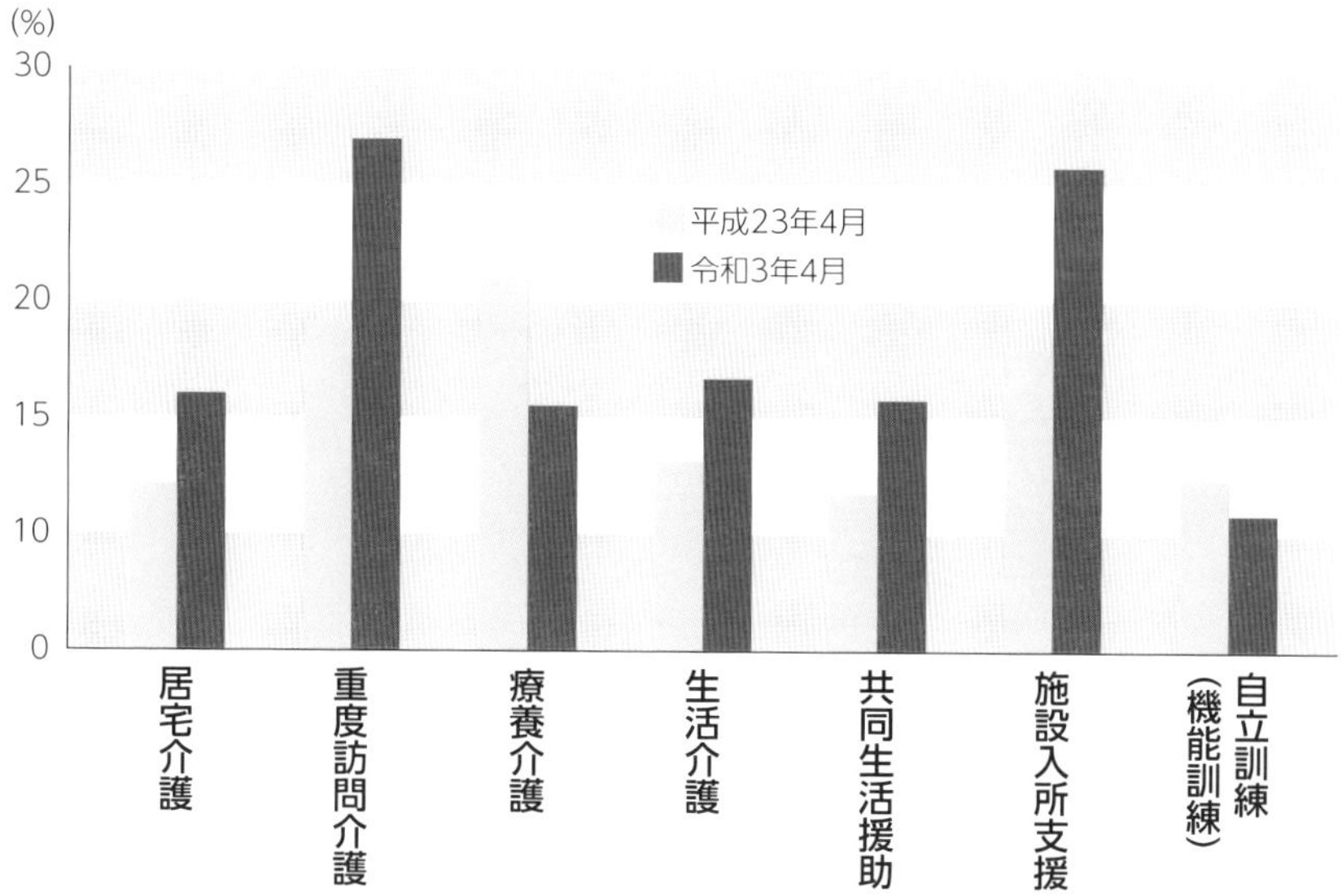

出所：厚生労働省（国保連データより）
https://www.mhlw.go.jp/content/12601000/000824397.pdf

長期入院後の精神障害のある人も含め、家族介護を前提とせず、地域で暮らせるための包括的なケアシステムを構築することが、喫緊の課題となっています。

災害大国・日本ゆえの問題も

もうひとつ、災害時の対応もまた深刻な問題です。公助・共助・自助という言葉がありますが、防災・減災および被災からの復興については、自助だけでなく地域のネットワーク（共助）や公的な支援を拡充していくことが必要です。

現在では、災害時に一般の避難所で過ごすことが難しい障害のある人や高齢者のために福祉避難所を増設したり、一般の避難所をゾーニングして、さまざまな状況の人たちが一緒に過ごせるような工夫がはかられています。また、２０２１年に災害対策基本法が改正され、避難行動要支援者に対し、一人ひとりの状況に合わせて個別避難計画を作成することが自治体の努力義務となりました。計画の全数達成と計画を継続的に修正して役立てていくことが課題となっています。

Part 2

障害について理解を深める

障害は大きく4種類、すなわち身体障害、知的障害、精神障害、発達障害に分けることができます。それぞれどのような特徴があるのか、その障害を定義する法律は何か、ライフステージごとに直面する問題は……といったことを解説していきます。

この章のメニュー

Part 2

1 身体障害とは何か

身体障害には肢体不自由、視覚障害、聴覚障害、内部障害があります

そもそも「障害」とは何か？

ふだん生活しているなかで、たとえばケガで身体をうまく動かすことが難しくなり、何らかの支援を必要とする状態になることがあります。そうした何らかの支援を要する状態を障害といいます。

障害者基本法では、障害者について「身体的障害、知的障害、精神障害（発達障害を含む）その他の心身の機能の障害がある者であって、障害及び社会的障壁により継続的に日常生活又は社会生活に相当な制限を受ける状態のもの」と定義しています。また近年では、完治が難しく長期的な療養を必要とする難病や脳に損傷を受けたことによって生じる高次脳機能障害、透析が必要な腎臓疾患なども障害として認められるなど、障害の範囲が広がってきています。

この章では、身体的障害、知的障害、精神障害（発達障害を含む）について理解していきます。まずは身体障害からみていきましょう。

身体障害の主な分類

身体障害については、身体障害者福祉法で「別表に掲げる身体上の障害がある18歳以上の者であって、都道府県知事から身体障害者手帳の交付を受けたもの」とされています。そして、さらに肢体不自由、視覚障害、聴覚障害、内部障害の4つに分類されています。

まず肢体不自由とは、両手足と体幹の一部または全部が損なわれ、日常生活・社会生活に制限がある状態をさします。立ったり座ったり、モノをもったりする

障害者基本法における障害の類型

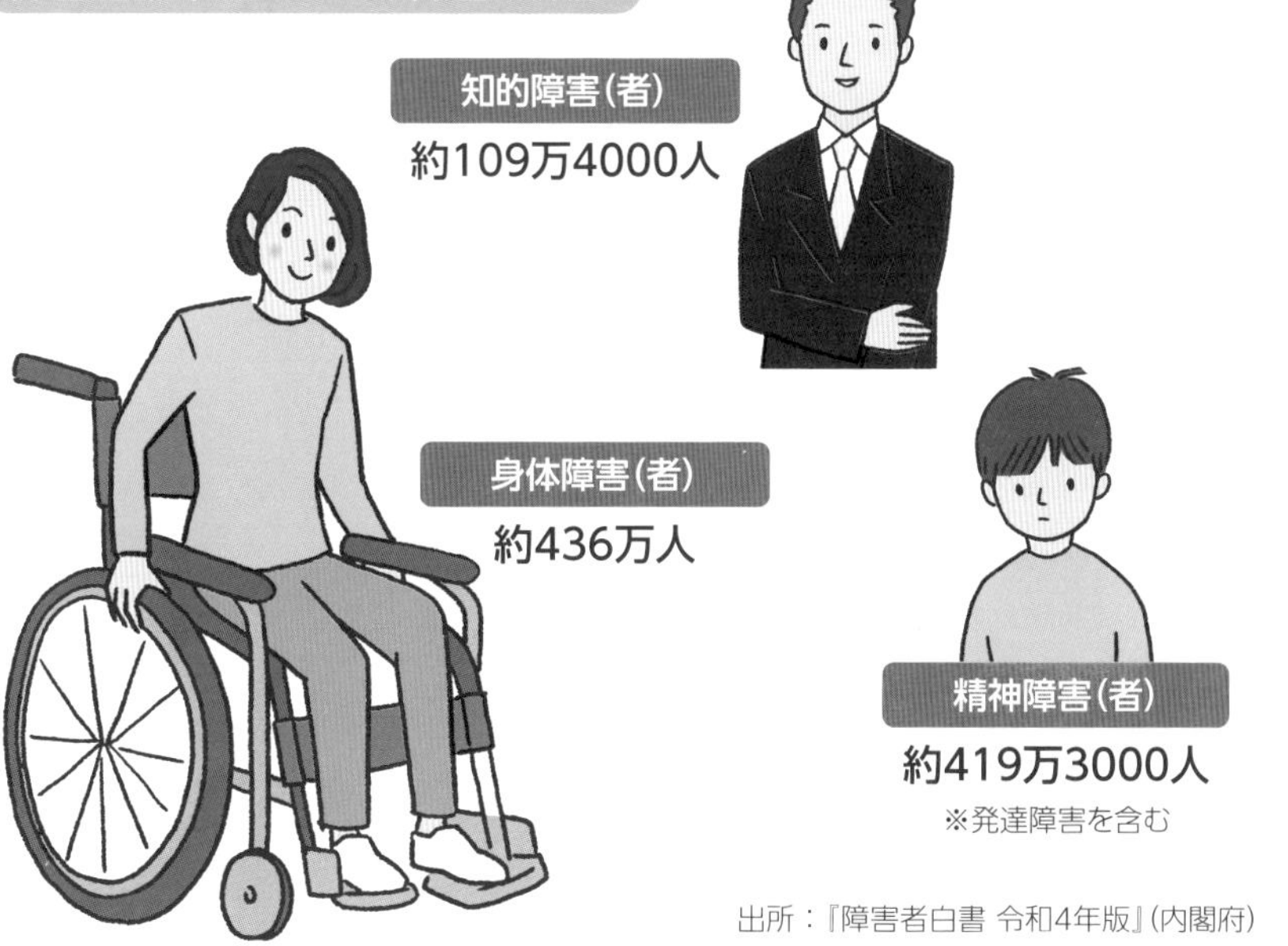

出所：『障害者白書 令和4年版』(内閣府)

ことなどが難しい状態です。次に視覚障害とは視力や視野に障害があり、生活に支障をきたしている状態をさします。聴覚障害とは聴力の障害によって音が聞こえなかったり、聞こえが悪くなっていたりする状態をさします。そして内部障害とは、心臓、腎臓、呼吸器などの内臓や免疫機能などの障害をさします。

内閣府の発表によると、２０２２年度の国内の身体障害者の数は、身体障害者手帳所持者と非所持者を合わせて約４３６万人。そのうち在宅で生活している人は約４２８万７０００人、施設などに入所している人は約７万３０００人とされています。また、年齢階層別の内訳は、18歳未満の人が約６万８０００人（１・６％）、18歳以上65歳未満の人が約１０１万３０００人（23・６％）、65歳以上の人が約３１１万２０００（72・６％）となっています。

身体障害とライフステージ1

身体障害を抱えながら生活を送る場合、人生の段階ごとに状態や課題が違ってきます。

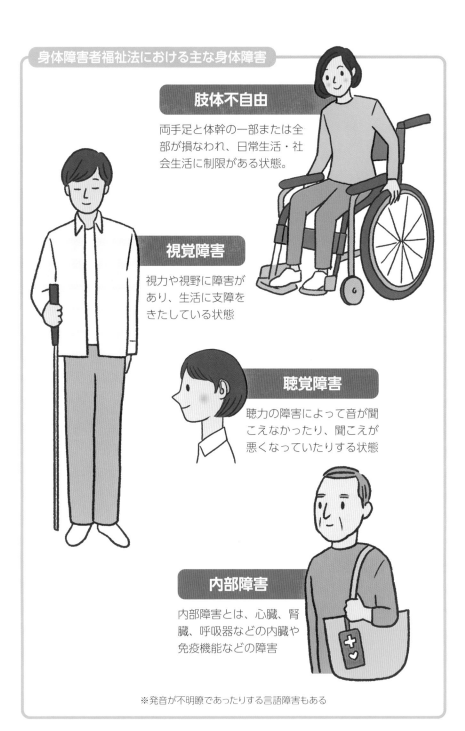

身体障害者福祉法における主な身体障害

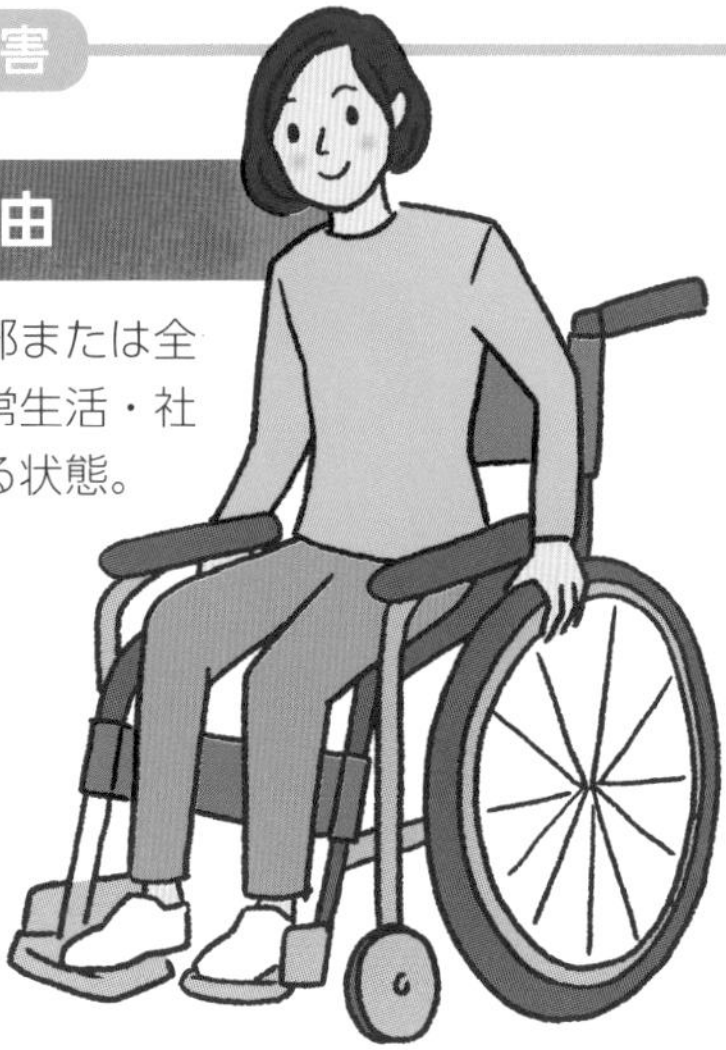

肢体不自由

両手足と体幹の一部または全部が損なわれ、日常生活・社会生活に制限がある状態。

視覚障害

視力や視野に障害があり、生活に支障をきたしている状態

聴覚障害

聴力の障害によって音が聞こえなかったり、聞こえが悪くなっていたりする状態

内部障害

内部障害とは、心臓、腎臓、呼吸器などの内臓や免疫機能などの障害

※発音が不明瞭であったりする言語障害もある

学童期（6歳～12歳）の障害のある子どもにとって、学びの場の整備は重要な課題です。国は彼らの自立と社会参加を見据えながら施策を展開していますが、身体障害のある子どもたちが障害を受け容れ、車椅子などの福祉用具を上手に使うことは容易ではありません。彼らを支えるとともに、家族に対する支援体制の整備も必要になります。

身体障害とライフステージ2

青年期（18～30歳）には、進路の検討という課題があります。たとえば就労する場合、障害福祉サービス事業所などへの福祉的就労や一般企業などへの一般就労があります。また、大学や専門学校などへの進学もあります。進学の場合、事前に進学希望先へ連絡を取って、障害程度に対応した体制があるのかどうかを確認することも重要です。いずれにしても、本人と進路を一緒に考えていくことが重要になってきます。

壮年期（30～49歳）には、結婚や出産などのライフイベントがあります。身体障害を抱えながらの子育てを支える制度は十分とはいえません。福祉サービスが不十分な場合、近所の住民同士の支え合いなどのインフォーマルな支援が重要になります。

たとえば、聴覚障害を抱えた両親のもとで育つ子どもが自宅では手話を使い、学校では言語を使うといった状況に置かれることもあります。

あるいは、親の高齢化やそれにともなう経済的な生活課題などが明らかになる場合があります。また、青年期と比べ、一般就労の機会も減っていきます。そうしたことから、この段階から老後を視野に入れた生活課題への対応が必要になってきます。

そして老年期（65歳以上）になると、身体障害への支援に加え、高齢化にともなう介護などのニーズが高まってきます。また、65歳を超えて介護保険法の適用対象となると、障害者総合支援法による支援は利用しづらくなるという制度上の課題が現れることも考えられます。

社会全体が身体障害や福祉の現状・課題について関心をもつことが大切です。

Part 2

2 知的障害とは何か

身体障害、精神障害と合わせて、「三障害」といわれている障害です

いわゆる「三障害」のひとつ

知的障害は知能の発達に関する障害で、発達に遅れが出ることから「精神遅滞（ちたい）」と呼ばれることもあります。発達期（おおむね18歳まで）に発症し、概念的、社会的、実用的な面で知的機能と適応機能の両面の欠陥を含む障害といえます。また、論理的思考、問題解決、計画、抽象的思考、判断、学校や経験での学習のように、全般的な精神機能の支障によって特徴づけられる発達障害のひとつでもあります。

身体障害と精神障害、そして知的障害を合わせて「三障害」といわれます。身体障害者と精神障害者についてはそれぞれ法に定義が示されているのに対して、知的障害者については知的障害者福祉法にその定義が具体的に規定されていません。

しかし、厚生労働省による知的障害児・者基礎調査では、「知的機能の障害が発達期にあらわれ、日常生活に支障が生じているため、何らかの特別の援助を必要とする状態にあるもの」と定義されています。

早期発見、適切な療育が重要

内閣府によると、知的障害のある人の数は２０２２年度で約１０９万４０００人であり、そのうち約22万５０００人が18歳未満とされています。施設入所・入院の状況は、身体障害のある人が１・７％、精神障害のある人が７・２％であるのに対し、知的障害のある人は12・１％と、三障害で最も高くなっています。

ほとんどの知的障害は、障害そのものを改善させる

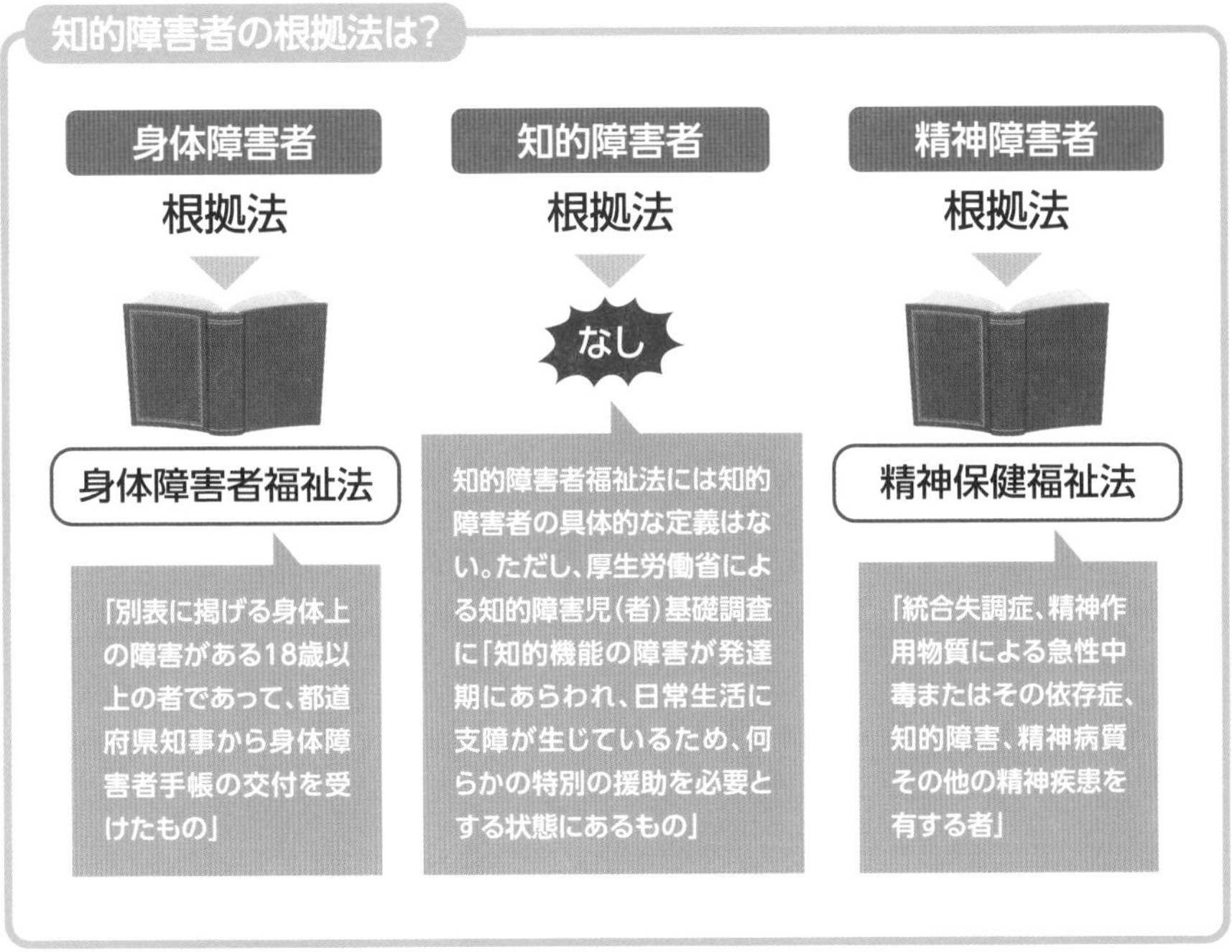

知的障害者の根拠法は?
身体障害者
根拠法
身体障害者福祉法
「別表に掲げる身体上の障害がある18歳以上の者であって、都道府県知事から身体障害者手帳の交付を受けたもの」
知的障害者
根拠法
なし
知的障害者福祉法には知的障害者の具体的な定義はない。ただし、厚生労働省による知的障害児(者)基礎調査に「知的機能の障害が発達期にあらわれ、日常生活に支障が生じているため、何らかの特別の援助を必要とする状態にあるもの」
精神障害者
根拠法
精神保健福祉法
「統合失調症、精神作用物質による急性中毒またはその依存症、知的障害、精神病質その他の精神疾患を有する者」

ことは難しいとされますが、環境調整によって適応機能などが向上する可能性があります。つまり、早期発見により適切な療育がなされれば、長期的予後の改善も期待されるので、本人だけではなく家族への支援も重要といえるでしょう。

知的障害のライフステージ1

先に述べたように、知的障害は18歳くらいまでに発症します。

幼児期に発症した場合、言葉数が少なかったり、理解している言葉が増えないといった「言葉の遅れ」から症状が疑われることが多いです。また、着替えや排せつなどの生活習慣に関する遅れが障害に気づくきっかけになることも少なくありません。

乳幼児の障害の発見には、乳幼児健診が重要な機能を担います。乳幼児健診では、障害のある子どもや、その可能性のありそうな子どもの早期発見、発達状態の把握、親の育児支援などの役割担います。

学校に通うようになると、障害のある子どもは年相

知的障害の区分と症状

区分	最重度知的障害	重度知的障害	中度知的障害	軽度知的障害
知能面（IQ）	20以下	20〜35	35〜50	50〜70
適応機能面	家庭生活・社会生活などで必要な行動ができるか？（管理など）			
主な症状	・快・不快を表現できる ・要求や指示を理解したり、それに従って行動することはできない ・運動能力が制限されており、食事や衣服の着脱などがうまくできない	・幼児は会話することが困難 ・日常生活の行動はできることもあるが、介助も必要になる ・一部の運動機能に問題があり、行動の制約が必要になる	・対人コミュニケーションで話し言葉の遅れがみられる ・日常生活の行動はできることもあるが、介助も必要になる ・運動機能は発達の遅れがみられることもある	・抽象的な事柄の理解が難しい ・学習で困難なことが多くみられる ・高度な業務でなければ、働くこともできる

出所：厚生労働省
https://www.mhlw.go.jp/toukei/list/101-1c.html

応に期待される読み・書き・算数などの習得が難しく、通常教育よりも特別支援教育のほうがよいと判断されるかもしれません。

特別支援教育では、障害のある子ども本人の、個別の健康状態や障害の特性、障害に適した指導内容、合理的配慮などをもとに家族への支援が行われます。その際、特別支援学校、小中学校では特別支援教育コーディネーターが学内外の関係諸機関との連絡調整、保護者の相談などを担います。就学期の知的障害のある子どもへの支援にあたっては、乳幼児期に児童発達支援からのシームレスな移行が重要であり、在学中にも福祉・教育・医療の連携体制の構築が求められます。

知的障害のライフステージ2

成人期に入ってから大きな課題になるのが就労です。軽度〜中度の知的障害の場合、成人後も小学生くらいの精神年齢にとどまりますが、日常生活や身のまわりのことなら自分でこなせる人も多く、適切なサポートがあれば簡単な事務作業や軽作業、清掃などの仕事に就くことができます。

知的障害のある人の就労支援機関としては、公共職業安定所（ハローワーク）、地域障害者職業センター、障害者就業・生活支援センターなどがあり、そうした機関を通じて就業する人も多くいます。

成人期におけるもうひとつの課題は、親の高齢化と介護問題です。親にケアが必要な状況にあって、知的障害を抱える子が、どのように介護問題に向き合うか。それは簡単なことではありません。親の支援に対応する介護支援専門員とも連携をはかりながら、親のケアによって変化する本人の生活の変化に着目する必要があります。

また、高齢期には加齢の影響を受けやすいという報告もあり、医学的フォローの必要度が高まります。そのため、日中活動や住環境、支援体制についても、再構築が必要になることが予測されます。本人の意向や尊厳を尊重しつつ、心身の状態に応じた生活環境の調整には、各種障害福祉サービスだけではなく、介護保険制度などの利用も視野に入れるようにします。

Part2

3 精神障害とは何か

心の病のために日常・社会生活に困難をきたしている状態です

精神障害の多様な形

脳内での器質的変化や機能的障害により、さまざまな精神症状、身体症状、行動の変化が引き起こされるのが精神障害です。

精神障害者について、精神保健福祉法では「統合失調症、精神作用物質による急性中毒又はその依存症、知的障害、精神病質その他の精神疾患を有する者」と定義しています。精神疾患とは、認知・思考・感情・意欲・自我などの精神・心理及び行動の問題や機能障害により、日常生活に大きな影響を受けている状態をいいます。

具体的には、統合失調症、気分障害（躁うつ病、うつ病、躁病）、神経症・ストレス関連障害（パニック障害、強迫性障害、恐怖症、心的外傷後ストレス障害）、アルコールや薬物の依存症、パーソナリティ障害など、さまざまな疾患や症状が精神障害に含まれます。

たとえば統合失調症は、幻聴、幻視、被害妄想、興奮、意欲や自発性の低下などの症状がみられる精神障害です。思春期から青年期に発症するケースが多く、１００人に１人弱の割合でかかるといわれています。

気分障害は、気分の波が主な症状として表れます。躁状態のときは気持ちが高揚して、過度な浪費をしたり、睡眠をとらずに働き続けたりします。一方、うつ状態のときは気持ちが落ち込み、意欲が減退します。

パニック障害は突然、強い不安に襲われ、動悸が起こったり、呼吸が困難になったりします。心的外傷後ストレス障害は英名の頭文字からＰＴＳＤとも略され、

精神障害者の数の推移

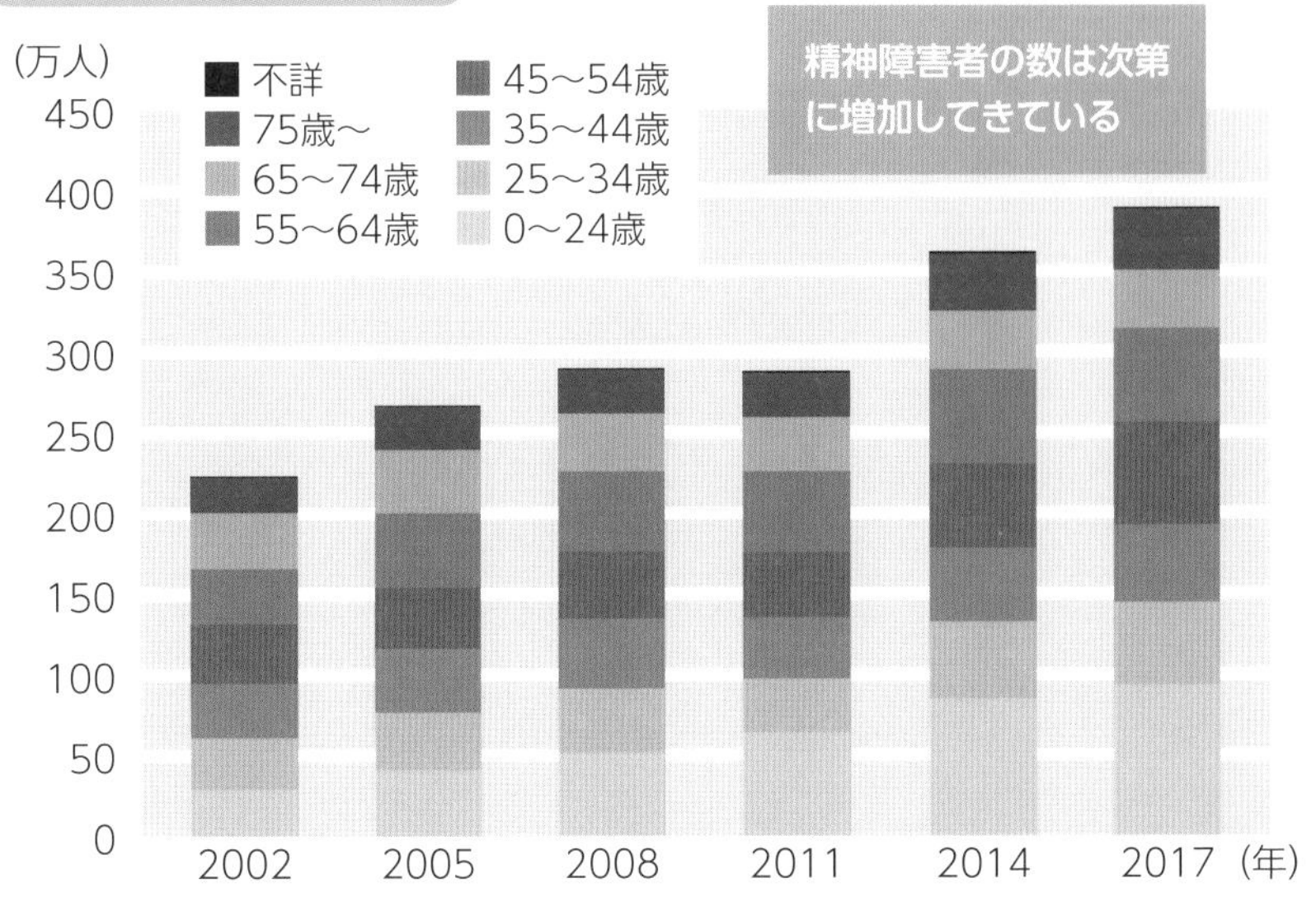

出所：厚生労働省「患者調査」
https://www8.cao.go.jp/shougai/whitepaper/r02hakusho/zenbun/pdf/ref2.pdf

災害や事故、犯罪などを被った場面を突然思い出して強い不安を感じたり、そうした場面を想起する場所を回避したりします。

依存症は、アルコールや薬物、ギャンブルなどに過度に依存した結果、その行為を自力では止められなくなり、心身に障害が生じたり、日常生活に支障をきたしたりします。

こうした精神障害については、一般に正しい理解がなされていないため、社会から偏見の目で見られることを心配し、患者が受診しにくい状況を生みがちです。

精神障害の3つの発症要因

精神障害が発症する原因に関しては、研究が進められているものの、まだ十分に明らかになっていません。それでも主に3つの発症要因がいわれています。

・内因性：脳の機能障害に起因するもの～統合失調症、気分障害など。
・外因性：身体的疾患や怪我、障害、外的刺激に起因するもの～アルコールや薬物依存による精神障害、

精神障害の主な疾患・症状

精神障害

依存症
アルコールや薬物などに過度に依存した結果、その行為を自力では止められなくなり、心身に障害が生じたり、日常生活に支障をきたしたりする

強迫性障害
何度も繰り返し確認をしないと気が済まないなど、こだわりが強くなる

心的外傷後ストレス障害
災害や事故、犯罪などをこうむった場面を突然思い出したり、そうした場面を想起する場所を回避したりする

パニック障害
突然、強い不安に襲われ、動悸が起こったり、呼吸が困難になったりする

摂食障害
極端な食事制限で激やせする神経性食欲不振症、過食と嘔吐を繰り返す神経性過食症など

睡眠障害
深く眠れない不眠症、睡眠が足りているのに異常な眠気に襲われる過眠症など

統合失調症
幻聴、幻視、被害妄想、興奮、意欲や自発性の低下などの症状がみられる

気分障害
気分の波が主な症状として表れる。うつ病、双極性障害など

脳の萎縮による認知症、脳の損傷・外傷による精神症状の表出など。

・心因性：過度のストレスやトラウマ、ある種の性格的傾向など、心理的な問題に起因するもの～心身症、適応障害、摂食障害、睡眠障害、覚醒障害など。

現在は、診断に世界保健機関（WHO）の国際疾病分類ICD－10（今後ICD－11へ移行予定）や、アメリカ精神医学会によるDSM－5というマニュアルが用いられていますが、診断は容易ではありません。

精神障害のライフステージ

精神障害は、20歳未満の時期に発症するケースが少なくありません。

学童期（6歳～12歳）は読み、書き、計算など学習面や社会性、身体面の発達の時期で、小学校では心身症やチック症状、学業不振、緘黙（かんもく）児、発達障害、気分障害、統合失調症などの疾患が表れる子がいます。不登校やいじめ、自殺の問題なども浮き彫りになりやすい傾向にあります。

思春期（12～18歳）・青年期（18～30歳）には、学童期にみられる不登校やいじめの問題のほか、人間関係の悩み、学業や仕事のストレスによる引きこもり、神経性食欲不振、自傷行為、自殺企図、適応障害、発達障害、統合失調症、うつ病、神経症などが表面化することがあります。さらに青年期には、アルコールや薬物などの問題が深刻になったりもします。

壮年期・中年期（30～65歳前後）は、職場では責任の重圧、家庭では子どもの教育や巣立ちに関する問題、親世代の介護問題なども生じ、ストレスが過度になる時期。それに身体的老化や疲労、不眠などが重なると、神経症、統合失調症、うつ病などの気分障害、自殺、アルコール依存症などが起きてきます。

老年期（65歳以上）には、身体的老化、記憶や認知機能の低下が起こります。定年や子どもの自立によって人と関わる機会が減ると、孤立感にさいなまれます。さらに配偶者や同世代の死によって喪失感が高まるので、うつ病、神経症、認知症、アルコールなどの問題にも留意が必要です。

Part 2

4 発達障害とは何か

特性によってＡＳＤ、ＡＤＨＤ、ＬＤという3つのタイプに分かれます

●脳機能の発達の偏りが障害を生む

発達障害は、外見からは判断がしにくく、また症状や困りごとなどは人それぞれです。このような状況が生じるのは、生まれつき脳機能の発達の偏りによる障害があるためです。

発達障害の特性をもつ人は、他の人以上に得意とする部分（強み）がある一方、他の人に比べて不得意（弱み）な部分もあり、過ごす環境や周囲の人とのミスマッチによって、社会生活に困難が出ることも少なくありません。「自己中心的」「わがまま」「困った子」などととらえられたり、「怠けている」「親の育て方が悪い」などと誤解されることもありますが、その特性を理解・確認をし、特性に合った環境調整や学びの機会を用意することにより軽減されるといわれています。

●発達障害の3タイプ

発達障害は、自閉スペクトラム症（ＡＳＤ）、注意欠如・多動症／注意欠如・多動性障害（ＡＤＨＤ）、学習障害（ＬＤ）という3つに分類されます。

自閉スペクトラム症は、英名の Autism Spectrum Disorder の頭文字をとってＡＳＤと略されます。自閉症やアスペルガー症候群や広汎性発達障害などが統合されてできた診断名です。主な特徴としては、「社会的コミュニケーションや対人関係の困難さ」「限定された行動、興味、反復行動」などが挙げられます。感覚に関する過敏性や鈍感性をともなうこともあります。

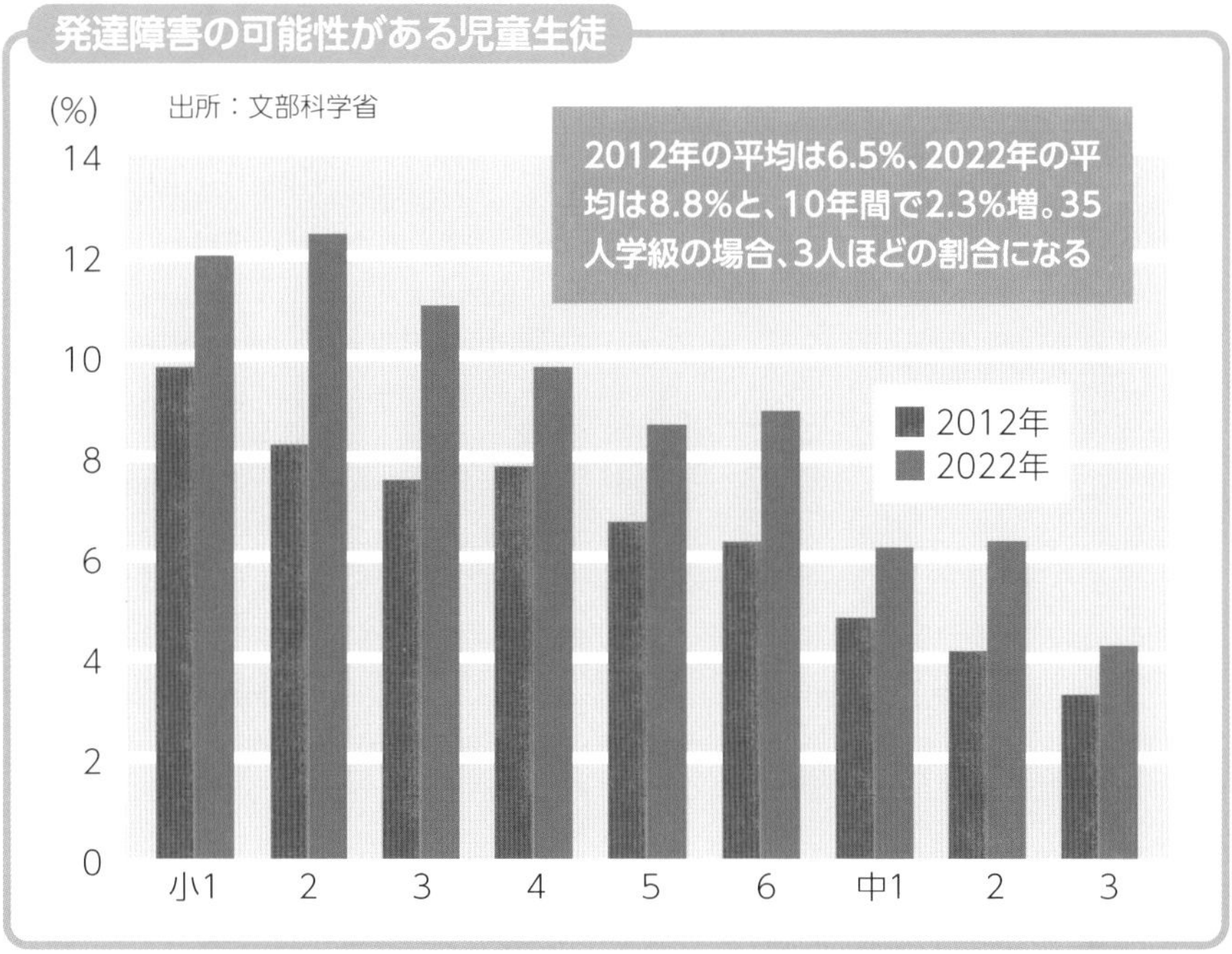

注意欠如・多動症は、Attention-deficit/hyperactivity disorder の頭文字をとってADHDと略されます。一般的な症状として、「集中力がない」「じっとしているのが難しい」「思いつくとすぐに行動に移してしまう」などが挙げられます。

学習障害は、全般的な知的発達に遅れがないものの、「聞く」「話す」「読む」「書く」「計算・推論する」といった能力に困難が生じる発達障害です。Learning Disabilities の頭文字からLDと略されます。また、困難さを感じる特徴によってディスレクシア（読字障害）、ディスグラフィア(書字障害)、ディスカリキュリア(算数障害）とも呼ばれます。

発達障害のライフステージ

ASDの症状は、程度や年齢などによって非常に多様です。乳幼児期では、「言葉の発達が遅い」「目が合わない」「他の子に関心がない」などで気づかれることが多いといわれています。また、成長にともない「一人遊びを好む」「指さしをしない」「名前を呼ぶものの

発達障害の特徴

ASD
（自閉スペクトラム症）

・社会的コミュニケーションや対人関係が困難
・限定された行動、興味、反復行動
・感覚に関する過敏性、鈍感性をともなうこともある
・自閉症やアスペルガー症候群も含まれる

ADHD
注意欠如・多動症

・集中力がない
・じっとしているのが難しい
・思いつくとすぐに行動に移してしまう

LD
（学習障害）

「聞く」「話す」「読む」「書く」「計算・推論する」といった能力に困難が生じる。困難さを感じる特徴によってディスレクシア（読字障害）、ディスグラフィア（書字障害）、ディスカリキュリア（算数障害）とも呼ばれる

振り向かない」「表情が乏しい」「落ち着きがなくかんしゃくが強い」などもよくみられます。ほかに、感覚の鈍さや敏感さなども確認されます。

学齢期及び思春期では、学校生活などの場面を通じて特性が確認されます。たとえば人とのやり取りで「話方や関わりがやや一方的になり、友達ができにくい」など、他者の気持ちに立って物事を考えることができず、その結果、対人的な相互関係に困難さを抱えやすい傾向がみられます。

成人期では仕事関係で困難さを抱えてしまうことがあります。主な例としては「仕事の優先順位をつけることが苦手」「状況に合わせて臨機応変に対応することが難しい」などが挙げられます。また、その結果、コミュニケーションや社会的なマナーに困難さが生じ、対人関係でトラブルになることも多いです。

ＡＤＨＤは、見分けが難しく、就学してから生活面の課題のなかで確認されるケースが多いです。「落ち着きがない」「非常に活発である」などが代表例ですが、これらは就学後に「授業に集中できない」「忘れ物が多い」「時間管理が苦手」「すぐに気が散ってしまう」といった特徴につながる可能性があります。

成人期では主に生活面と就業面などで困難さが生じやすいです。たとえば、生活面では「片付けができない」「ゴミを溜めてしまう」「途中で作業を中断し別のことをしている」などの特徴がみられます。

就業面では、「仕事を順序立てて取り組むことが苦手である」「書類などでケアレスミスが多い」「締め切りや約束ごとが守れない」などの傾向がみられます。

ＬＤは、小学校入学後の教科学習のなかで症状が疑われやすいです。国語の授業の際、「読むのが遅い」「読んでも内容が頭に入ってこない」「理解できていない」「よく誤字、脱字が多いと指摘される」などです。算数では「数の概念が理解できない」「計算がかなり遅い」などの特徴もみられます。

成人期では、仕事内容についてメモを取る、業務マニュアルを理解するなどに困難さを抱えやすい、基本的な計算が苦手で管理業務や経理業務に支障をきたすなどの症状がみられたりします。

Part 3

障害者総合支援法のサービス

障害者総合支援法は、障害のある人の日常生活への支援から、通学・通院の際の支援、自立のための訓練まで、幅広いサービスについて規定しており、現在の障害福祉サービスの基盤となっています。この章では、その障害者総合支援法の支援・サービスについて解説します。

この章のメニュー

Part 3

1 障害者総合支援法

わが国における
障害福祉サービスの
基盤となっている
重要な法律です

◉尊厳が守られた生活を送るために

障害福祉サービスはどのようなもので、どのような人が利用できるのか——。それを定めている法律が障害者総合支援法です。「障害者の日常生活及び社会生活を総合的に支援するための法律」が正式名称で、2005年に成立し、翌年から施行されました。

この法律は、障害のある人や子どもが「基本的人権を享受する個人としての尊厳」が守られた生活を送れるように、サービスを整備したり、地域共生社会を実現したりすることを目的につくられました。障害のある人自身が暮らしたい場所を選択できる機会を確保し、社会的障壁をなくしていくことを重要としています。対象とする障害の範囲は、身体障害、知的障害、精神障

障害者総合支援法の2つの柱

障害福祉サービス		地域生活支援事業
障害のある人が自立した日常生活・社会生活を営むために必要な支援を行う		地域の実情に応じたサービスと実施体制を整える
介護給付	**訓練等給付**	
・居宅介護（ホームヘルプ） ・重度訪問介護 ・同行援護 ・行動援護 ・療養介護 ・生活介護 ・短期入所（ショートステイ） ・施設入所支援 など	・自立訓練 ・就労移行支援 ・就労定着支援 ・就労継続支援 ・共同生活援助 ・自立生活援助	・移動支援 ・障害者に対する研修・啓発活動事業 ・成年後見制度の利用支援 ・手話通訳者の派遣 など

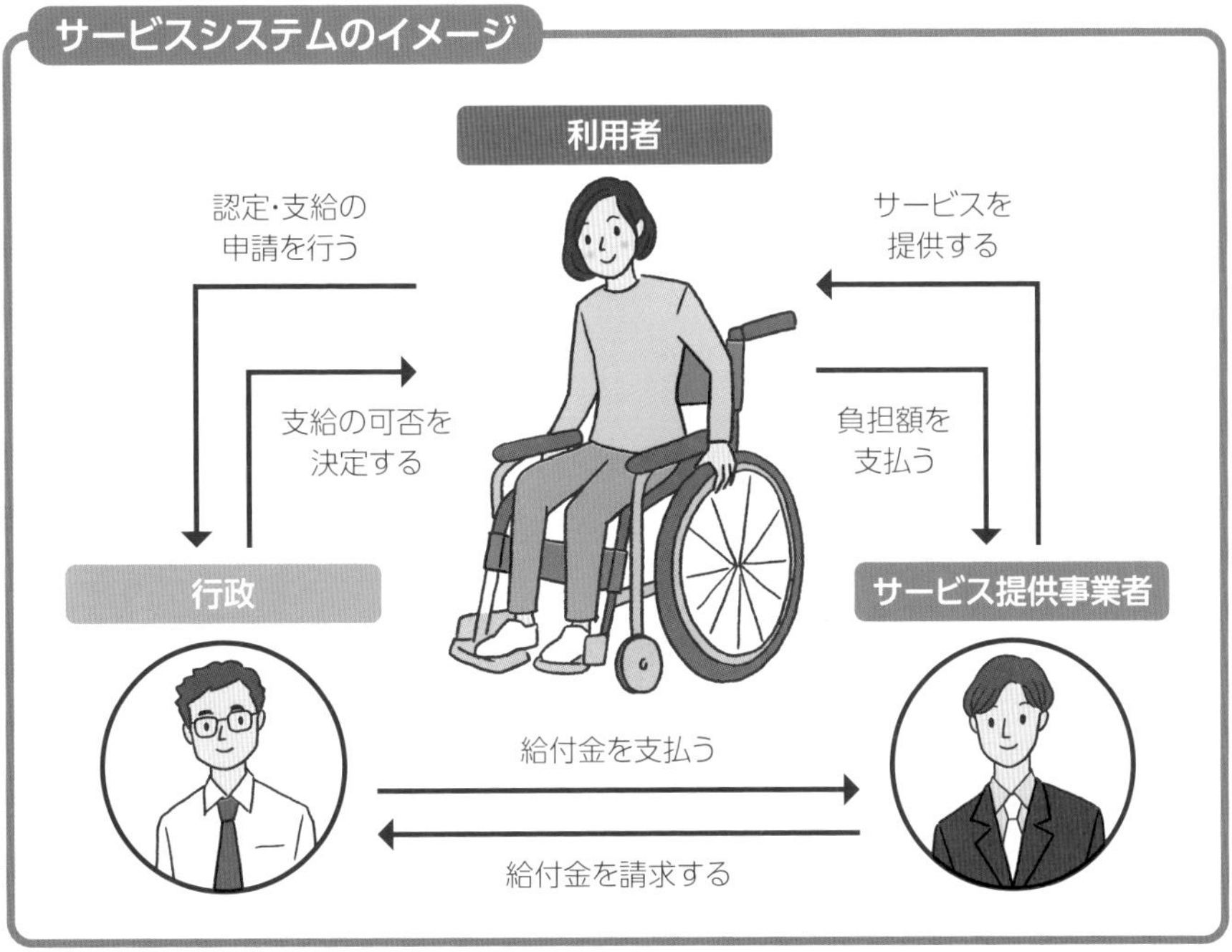

害に加えて発達障害、難病も含まれています。

◉2つの大きな柱がある

障害者総合支援法にはさまざまなサービスが規定されていますが、その柱は大きく2つに分けることができます。直接利用者の生活に対して支援を実施する障害福祉サービスと、地域の実情に応じたサービスと実施の体制を整える地域生活支援事業です。

障害福祉サービスは障害のある人が自立した日常生活・社会生活を営むために必要な支援を行うもので、日常生活で食事や入浴の介護をする介護給付と、生活能力の維持向上や就労の知識と能力の向上を訓練する訓練等給付があります。一方、地域生活支援事業は地域の実情に応じたサービスと実施体制を整えるもので、障害者に対する研修・啓発活動事業、成年後見制度の利用支援、移動支援、手話通訳者の派遣など、実に多様なサービスが規定されています。

それぞれのサービスについて、次項から具体的にみていきましょう。

Part 3

2 居宅介護

自宅で自立した日常生活を送るための基本的なサービスです

◉4つのサービスに大別される

障害のある人にとって、在宅での生活はとても重要です。しかし、単独での在宅生活は難しく、介護を必要としている方も少なくありません。そうした人が利用できるサービスが居宅介護です。

「ホームヘルプサービス」という名称でも知られる居宅介護のサービス内容は、大きく4つに分けられます。入浴、食事、排泄などが困難な人を介護する身体介護、調理、洗濯、買い物、掃除などを介護する家事援助、医療機関の受診や窓口での手続きなどを補助する通院等介助、さらに日常生活に関する相談・助言などです。

たとえば、ひとりで通院することが難しいときや、市役所をはじめとする官公署へ出かけるときなどにサービスを利用することができます。

生活を支えるための基本的なサービスであるため、対象となる障害支援区分は1以上と比較的広く設定して、多くの人が利用できるようにしています。

◉受けられないサービスもある

こうした在宅での支援が充実するにつれて、障害のある人が地域で生活を送りやすくなります。

しかし、身体介護と家事援助で受けられるサービスのなかには、居宅介護のサービスとして受けられないものもあります。たとえば、本人以外の家族に利便が生じたり、家族が行うべきと判断される行為、日常生活に支障がないと判断される行為などは、サービスを利用することができません。

居宅介護のサービス

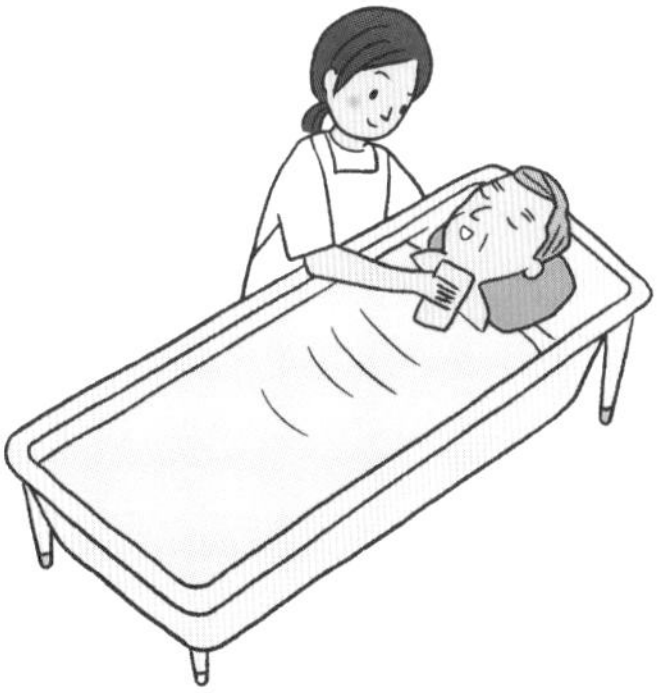

身体介護

・入浴の介助
・食事の介助
・排泄の介助
など

家事援助

・調理
・洗濯
・買い物
・掃除
など

通院等介助

・通院時の介助
・医療機関での受診の介助
・窓口での手続きの介助
など

その他

・日常生活に関する相談・助言
・生活全般に関する援助
など

居宅介護の対象者
障害支援区分が1以上の人
（通院等介助が必要な場合は区分2以上の人）
▼
広く設定して、多くの人が利用できるようにしている

Part 3

3 重度訪問介護

居宅介護では
不十分な障害者を
自宅や入院先で介護します

◉重度障害者を介護する

居宅介護（56ページ参照）と似たサービスとして、重度訪問介護が挙げられます。

重度訪問介護は、単独での行動が難しく、ほぼ丸一日介護の必要な重度の肢体不自由の人、または重度の知的障害、精神障害でさまざまな行動が著しく困難な人が利用できるサービスです。つまり、居宅介護では不十分な方のためのサービスともいえます。

重度訪問介護のサービス内容には、入浴、食事、排泄といった身体介護、調理、洗濯、買い物、掃除といった家事援助、日常生活に関する相談・助言などのほか、外出全般をサポートする移動介護や日常生活で生じる介護に対応するための見守りなどが含まれます。移動介護と見守りは、居宅介護にはないサービスです。

対象となる障害支援区分は4以上ですが、2016年の改正にともない、一定の利用者は入院先でもサービスを使えるようになりました。

◉長時間利用を想定したサービス

重度訪問介護と居宅介護では、支援する時間の長さも異なります。居宅介護は短時間での利用を想定しているのに対し、重度訪問介護は長時間での利用を想定しているのです。

重度訪問介護の場合、報酬単価を8時間までが基本と考え、24時間対応できるようにしています。これはヘルパーが利用者の手足の代わりとなって生活を支えることを意味していると考えることができます。

重度訪問介護のサービス

身体介護

・入浴の介助
・食事の介助
・排泄の介助
など

家事援助

・調理　・買い物
・洗濯　・掃除
など

移動介護

自宅から出かける際にサポートを行う

見守り

日常生活で生じる介護に対応するために見守りを行う

その他

・全身運動の補助など医療的な支援
・コミュニケーションをサポートする
・家電製品などの操作を補助する
など

重度訪問介護は、障害支援区分4以上の方が対象となる

重度訪問介護が行われる場所

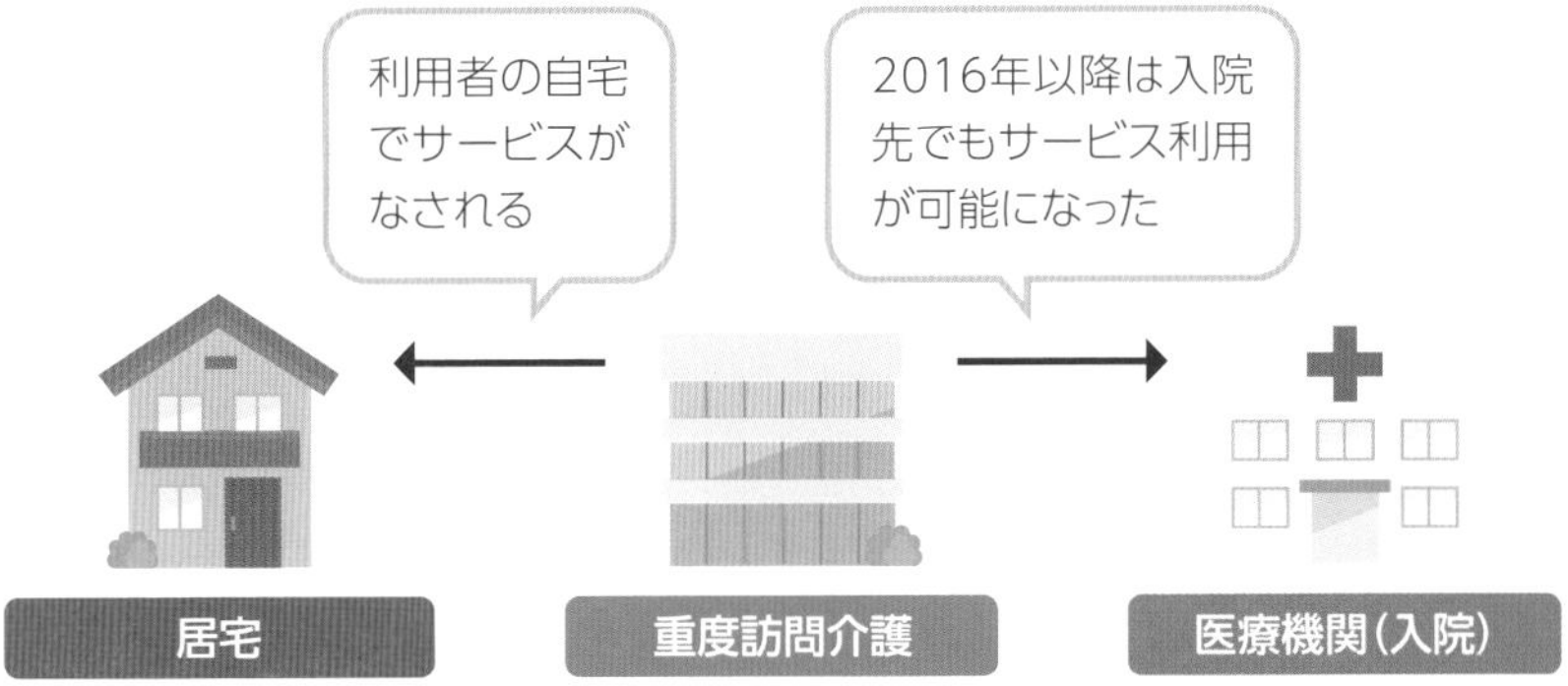
利用者の自宅でサービスがなされる
2016年以降は入院先でもサービス利用が可能になった
居宅
重度訪問介護
医療機関（入院）

Part3

4 生活介護

介護サービスに加え、創作活動や生産活動の機会を提供します

◉障害者の活動内容と可能性を広げる

生活介護事業所は主に日中、障害のある人に対して、食事・入浴・排泄などの介護サービスを行うとともに、創作活動や生産活動の機会を提供します。こうした活動の場を提供することにより、利用者の生活のリズムを安定させたり、自立を促進したり、身体機能の維持を向上させることを目的としています。

提供される創作的活動や生産的活動は、機織り（はたお）りやビーズ作業から、パンや焼き菓子などの食品加工・製造まで多岐にわたります。また、地元の企業から受注作業などを受け、それを生産活動として位置づける事業所もあります。そのほか、一人ひとりの利用者の可能性を引き出すため、自治体で障害特性を活かした関わり方を学ぶ研修の機会を提供し、支援者の専門性の向上に取り組んだりもしています。

◉常時介護などの支援を必要とする人が対象

生活介護の対象者は、安定した生活を営むために常時介護などの支援を必要とする人です。この支援を必要とする度合いを障害支援区分で示し、数値化した中で各種サービスを提供していきます。

また、これは年齢で対象の区分がわけられ、50歳未満の場合は障害支援区分が3以上の人が対象となります（障害者支援施設に入所している場合は障害支援区分4以上の人が対象）。50歳以上の場合は、障害支援区分2以上の人が対象となります（障害者支援施設に入所している場合は障害支援区分3以上の人が対象）。

生活介護の内容

生活支援

入浴、食事、排泄などの介護、生活に関する相談や助言、日常生活上の援助

生産活動

パンや菓子の製造、箱折り、部品組み立てといった活動の機会の提供

健康維持

身体機能の向上に必要なリハビリなどの援助

創作活動

絵画、書道、陶芸、手芸、機織りといった活動の機会の提供

余暇活動

散歩、カラオケ、映画鑑賞といった活動のための援助

支援者養成研修の事例

- 支援に必要な知識の習得
- 組織的なアプローチの重要性
- 具体的なアセスメント
- 障害者特性に基づくアセスメント
- アセスメントに基づく支援手順
- 記録の分析と支援手順書の修正
- 関係機関との連携

※強度行動障害支援者のための実践研修カリキュラム（12時間）

Part3
5

障害者支援施設（施設入所支援）

施設入所支援を
昼間は生活介護や
夜間に行い、
自立訓練を行います

◉仕事の場所と生活の場所を分ける

障害者支援施設（施設入所支援）では、障害があって施設に入所している人に対し、主に夜間において入浴、排泄、食事などの介護をしたり、生活などに関する相談・助言をするほか、日常生活の支援を行います。また、生活介護などとともに事業を提供することにより、障害のある人を生活と訓練の両面から支援していきます。

こうして事業形態を分けることで日中活動（仕事）をする場所と暮らしの場所が明確となり、利用者がサービスをより自由に選択できるようになりました。

障害者支援施設の対象者は、生活介護を受けている障害支援区分４（50歳以上は区分３）以上の人、自立訓練か就労移行支援（訓練など）を受けている人、入所しながら訓練などを実施することが必要かつ効果的であると認められる人、または地域における障害福祉サービスの提供体制の状況などにより通所によって訓練などを受けることが困難な人が該当します。

◉地域移行を支える事業

障害者支援施設の目的は、障害のある人の地域での生活を支えることです。施設内にとどまり続けるのではなく、自ら選んだ住まいで自分らしい暮らしを実現する。つまり、地域移行を支援するものです。

実際、地域移行を試みる事業所も多くあります。支援者としては、利用者の状態を確認し、その人らしい生活を検討して支援に取り掛かることが大切です。

施設入所支援のサービス内容

かつての入所構成施設のサービス

・日中活動の場と夜間の生活の場が一体となった形で運営されており、利用者は施設内で訓練を受けながら生活する
・基本的に施設で提供されている訓練以外を受けることはできない

↓

現在の施設入所支援のサービス

サービス内容

・居住の場の提供
・入浴・排泄・食事・着替えなどの介助
・食事の提供
・生活等に関する相談や助言
・健康管理

・昼間の生活の場と夜間の生活の場を分けている
・利用者は、それぞれのサービスを組み合わせることができる。たとえば、日中は事業所で就労支援を受け、夜間は住まいの場に戻って介護などのサービスを受けられる

Part 3

6 共同生活援助（グループホーム）

共同生活を営む
障害者に介護や
日常生活の援助を行います

◉数人がひとつの施設に住む

障害者支援施設同様、生活の場を提供するサービスに、共同生活援助（グループホーム）があります。共同生活援助は、障害をもちながら共同生活を営む人たちに対し、相談、入浴や排泄、食事の介助など、日常生活上の援助を行うサービスです。利用者はそうしたサービスを受けられるうえ、孤立の防止、生活への不安の軽減なども期待できます。

利用者は、障害者総合支援法が定義する「障害者」です。支援があれば自立した生活を送ることができる方、共同生活を送る際にトラブルに繋がる要因が少ない人が主な対象となります。居住環境となるため、日中は就労移行支援事業や就労継続支援事業A・B型、生活介護事業などに通います。

サービスを受ける際には、個別支援計画書を作成します。計画書には、入居者が自立した生活を送るために望むことや地域生活で必要な取り組み（余暇活動）などを具体的に記していきます。

◉居住環境を選ぶことができる

共同生活援助は、単に入所施設をユニット化したものではありません。一軒家で生活を送る人もいれば、賃貸マンションや公営住宅で生活を送る人もおり、それぞれ地域の家庭的な雰囲気のもとで生活を送ります。

日中の活動の場に多くの選択肢があるように、居住環境にも選択肢を用意します。その意味で、共同生活援助の事業は重要な取り組みのひとつといえます。

共同生活援助のタイプ

介護サービス包括型

原則グループホーム内で食事や入浴、排泄などの支援、健康管理、金銭管理などの援助を行う

外部サービス利用型

日常生活や家事の支援はグループホームのスタッフが行い、食事や入浴、排泄などの支援は外部の居宅介護事業者が行う

日中サービス支援型

介護サービス包括型や外部サービス利用型の対象者より重度の常時介護が必要な人を24時間体制で支援

施設入所支援と共同生活援助の違い

	施設入所支援	共同生活援助
障害者総合支援法での位置づけ	介護給付	訓練等給付
サービス内容	食事や入浴、排泄などの支援や日常生活に関する相談や助言を、夜間を中心に行う	食事や入浴、排泄などの支援などを、主に夜間に行う
利用対象者	生活介護を受けている者であって、障害支援区分が区分4（50歳以上の場合は区分3）以上である者	障害者（障害支援区分の条件はなし）
利用期限	多くは期限なし	多くは期限なし
スタッフの職種	生活支援員、サービス管理責任者、施設長など	生活支援員、世話人、サービス管理責任者など
運営主体	地方公共団体、社会福祉法人	社会福祉法人、NPO団体など

Part3

7

自立生活援助

地域での一人暮らしを希望する人をサポートするサービスです

◉安心して一人暮らしできるように

自立生活援助は、障害をもちながら一人暮らしを希望する人や、実際に単身で暮らしている人が安心して日常生活を送れるように対応するサービスです。

自立生活援助事業所のスタッフが定期的に居宅を訪問し、食事や洗濯、掃除といった身のまわり手伝いから、家賃や光熱費などの生活費の支払い、金銭管理などを行います。さらに地域住民との関係などについて相談や助言を行ったり、関係機関との連絡調整を行ったりもします。

◉住み慣れた地域での生活を支援

自立生活援助の区分は、訓練等給付に該当します。訓練等給付とは、会社で働きたい人や地域で独立した生活を送れるようになりたい人が使うサービスです。

障害者支援施設、病院、自宅などを出て地域で一人暮らしをはじめた人や、一人暮らしを開始したものの、支援を受けることでより自立した生活を送れる人が利用対象となりますが、同居する家族からの支援を見込めず、実質的に一人暮らしと同じ状況に置かれている人も該当します。

サービスの利用期間は原則1年。ただし、行政が必要性を認め、審査会によって利用期間の延長が認められた場合は、利用を延長することができます。年齢制限はありません。期間限定でのサービスですが、住み慣れた地域で自分らしく生活を送ることを希望する障害者の願いを支える事業です。

地域生活を支援するサービス

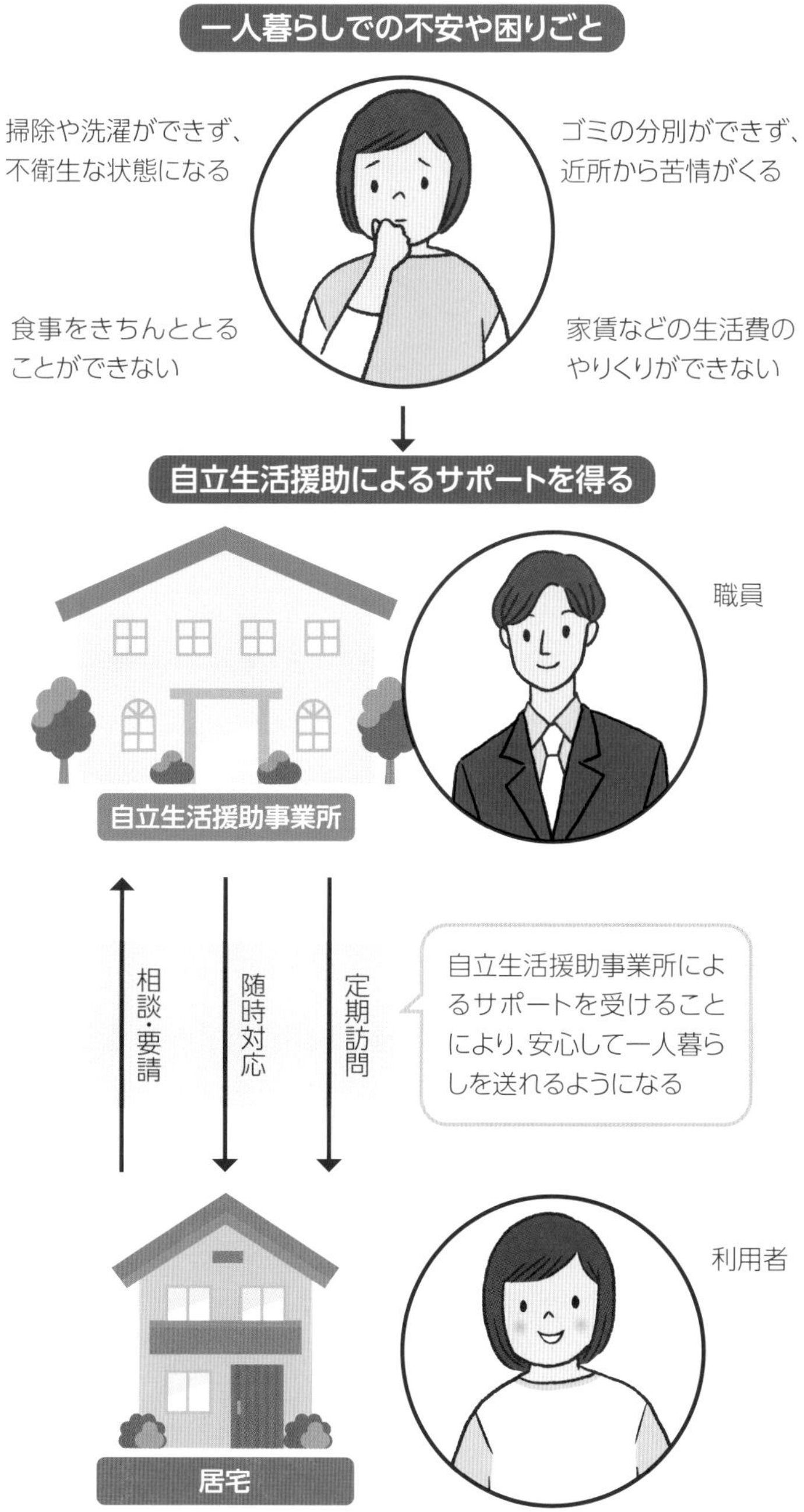
一人暮らしでの不安や困りごと
掃除や洗濯ができず、不衛生な状態になる
ゴミの分別ができず、近所から苦情がくる
食事をきちんととることができない
家賃などの生活費のやりくりができない
自立生活援助によるサポートを得る
職員
自立生活援助事業所
相談・要請
随時対応
定期訪問
自立生活援助事業所によるサポートを受けることにより、安心して一人暮らしを送れるようになる
利用者
居宅

Part 3

8 自立訓練

機能訓練と生活訓練から成るサービスで、自立した生活を支援します

◎機能訓練と生活訓練

自立訓練では、障害のある人が自立した生活を送ることができるように訓練・支援を行います。

この自立訓練には、身体機能のリハビリテーションを行う機能訓練と、生活能力の維持・向上を目指す生活訓練の2種類があります。障害のある方が自立した生活を目指すという点では同じですが、取り組む内容は異なります。

まず機能訓練では、理学療法士や作業療法士などの専門職の指導を受け、歩行をはじめとする基本動作や日常生活上の動作などの身体機能の維持・向上を目指します。

次に生活訓練は、障害のある人の自立した生活に向けて生活能力の維持・向上を目指すもので、大きく3つの事業形態があります。

◎生活訓練の3つの事業内容

生活訓練の1つ目は通所型です。これは、自宅から事業所に通い、自立訓練のプログラムを受けます。

2つ目は訪問型です。これは、事業所のスタッフが利用者の自宅を訪問し、自立訓練のプログラムを実施していきます。主に自宅から外に出れない人（引きこもりや長期入院など）の生活を支える取り組みでもあります。

自立訓練のプログラムは、バリエーション豊かです。たとえば食事、洗濯、金銭管理などの「生活スキルを目的としたプログラム」や、ストレス対処法、アンガー

自立訓練の2つのタイプ

	機能訓練	生活訓練
対象者	障害の種類によらず利用可	障害の種類によらず利用可
支援内容	理学療法士や作業療法士などの専門家の指導を受け、歩行などの基本動作、日常生活上の動作などの身体機能の維持・向上を目指す	生活能力の維持・向上を目指すもので、自宅から事業所に通って自立訓練を受ける通所型、事業所のスタッフが訪問して自立訓練のプログラムを実施する訪問型、居住の場を提供しながら生活能力の向上を目指す宿泊型の3つがある
標準期間	18ヶ月	24ヶ月
宿泊型	なし	あり

マネージメントなどの「ストレス対処方法プログラム」、対人関係やコミュニケーション力の向上を目指す「コミュニケーション系プログラム」、余暇活動の過ごし方などを確認に共有する「レクリエーション系プログラム」、パソコンスキルの習得や面接練習などが用意されています。

このように事業所によって実施されるプログラムは多岐にわたるため、対象者が実現したい生活や目標などに向け、各事業所の取り組みについて確認することが大切です。

◉宿泊型のサービス

そして生活訓練の3つ目は宿泊型です。これは、日中一般就労や福祉サービス事業を利用している人に対し、居住の場を提供しながら、生活能力の向上を目指していきます。機能訓練には宿泊型はありません。

なお、自立訓練の利用期間は、原則2年間です。ただし、長期間入院していた人などは3年間になる場合もあります。

Part3

9 就労移行支援

通いながら、就職に向けたサポートを受けることができます

就労支援の3つの柱

就労移行支援事業	就労定着支援事業	就労継続支援事業
働くために必要な知識やスキルを習得し、就職後も職場に定着できるようサポートするサービス	障害のある人本人が自分に見合った職場への就職と定着を目指して行われる。一般企業等で働きたい人のための支援サービス	ある程度の支援を受けないと働けない人を対象に、支援を受けながら働くための訓練を受けられるサービス
	(72～73ページ参照)	(74～77ページ参照)

◉自分に見合った職場への就職を目指す

仕事をすることは、障害のある人・ない人にかかわらず、自立した生活を送るうえでとても重要なことです。そのため就労に関して、就労移行支援事業、就労定着支援事業、就労継続支援事業という３つの就労支援事業が設けられています。ここではまず、就労移行支援事業について説明します。

就労移行支援事業は、利用者本人が自分に見合った職場への就職と定着を目指して行われます。つまり、一般企業などで働きたい人のための支援サービスです。

この事業は、２００６年の障害者自立支援法により創設されました。それまでは福祉施設から企業への就職状況が著しく悪く、本来であれば一般での就職が可

就労移行支援のサービス内容

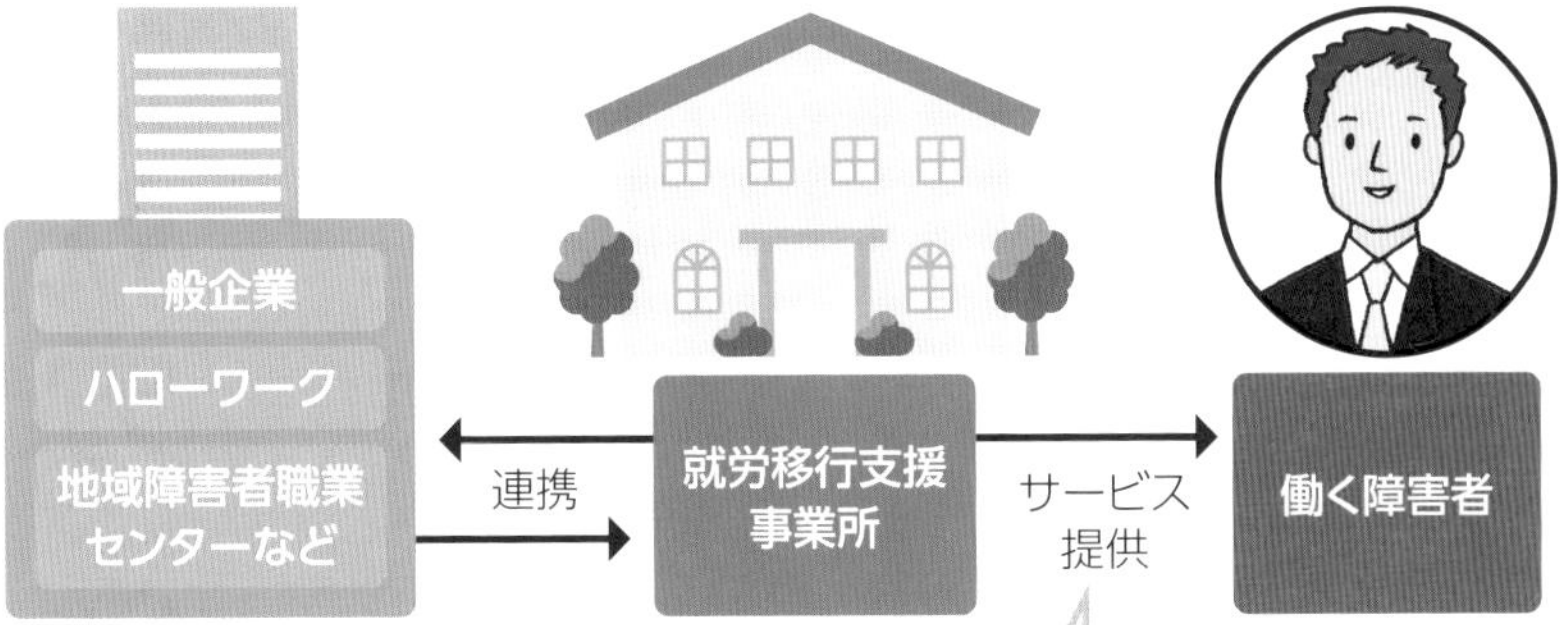

・職場実習
企業へ行って、スタッフの助けを得ながら実際の仕事を体験する

・職業訓練
就労に必要な知識や能力の向上のための訓練を行う

・職場探し
本人の適正に応じた職場の開拓を行い、求職活動を支援する

・定着支援
就職後における職場への定着のために必要な相談を行う

能な力をもった人でも福祉施設を利用し続けていました。また、労働施策においても、法定雇用率が徐々に引き上げられ、障害者雇用への機運が高まっていたにもかかわらず、企業と障害者をつなげる事業が不足していました。そうした時代状況を背景に、就労移行支援事業が設けられたのです。

働き続けられる環境を構築する

就労移行支援事業では、就職に向けた集中的な支援活動が提供できるよう、原則24ヶ月の利用期限のなかで必要な支援を受けることができます。

具体的には、個別相談やカウンセリング、職業訓練、就労後のフォローアップなどのプログラムを提供することにより、利用者が自身に合った職務を選び、就労のためのスキルを身につけることを支援していきます。

また、利用者の健康管理や生活支援などを行い、就労環境を整えるためのサポートもします。つまり就職するまでの支援ではなく、その後も安定して働き続けられる環境を構築していくものです。

Part 3
10

就労定着支援

障害者が企業などで長く働き続けられるようにサポートします

就労定着支援のサービス内容

障害のある人が就労移行支援事業所や就労継続支援事業所、自立訓練など、一般企業への就職をサポートするサービスの利用を経て、一般企業に就職する
就労移行支援事業者など
一般企業など
就職後、生活面の課題などが浮き彫りになる
・遅刻や欠勤が増えた
・身だしなみが乱れがち
・勤務中の居眠りが増えた
・薬を飲み忘れてしまう
・仕事内容がなかなか覚えられない
・人間関係がうまくいかない
働く障害者

◎長く働き続けられるようにサポート

就労定着支援は、障害のある人の就労や就労に影響する生活面の課題などについて相談や調整を行い、長く働き続けられるようにサポートするサービスです。

仕事内容がなかなか覚えられない、人間関係がうまくいかずに悩んでいるといったことは、仕事に就いてはじめてわかります。そうした課題が露見（ろけん）した際、企業との間に入って調整を行ったり、専門的な助言をしたりするのです。

このサービスは、これまで就労移行支援事業所や障害者就業・生活支援センターなどが中心となって行ってきました。しかし、障害をもちながら働く人が増え、それによって相談希望者が増えたことにより、２０１

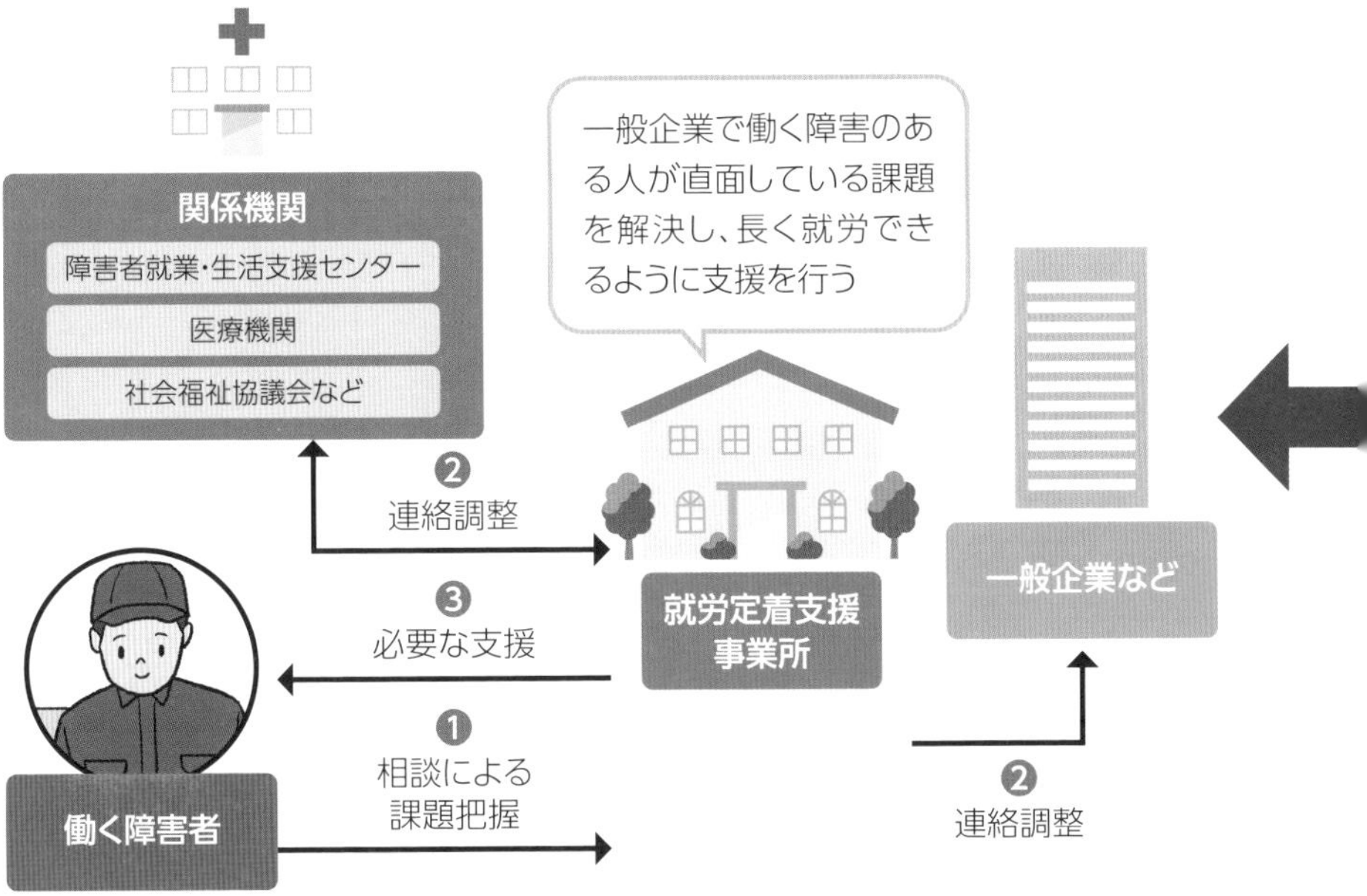

8年より独立したサービスになりました。

◉障害者雇用で就職した後に利用する

就労定着支援は、就労移行支援事業所や就労継続支援事業所、そして自立訓練などを経て、障害者雇用で一般企業に就職した人が、その職場で6ヶ月間過ごした後に利用することができます。

たとえば、就労移行支援事業所から企業に就職し、就労移行支援事業所でのフォローアップを半年間受けます。その後、支援が必要かどうかを検討し、就労移行支援事業から就労定着支援事業に切り替え、継続的なサポートを受けるといった具合です。なお、就労移行支援事業から就労定着支援事業に移行した際は、原則、担当スタッフは変更となります。

1年ごとの更新が必要ですが、最長で3年間利用することができます。「任意の申し込み」となるので、希望者の必要に応じて利用を検討します。また、利用料は収入状況や利用する事業所によって変わるため、自治体の窓口に確認することをお勧めします。

Part 3

11

就労継続支援（A型）

雇用契約を結び支援を受けながら、職場で働くことができます

◉事業所によって異なる仕事内容

ある程度の支援を受けないと働けない人を対象に、支援を受けながら働くための訓練を行うサービスが就労継続支援で、A型とB型に分けられています。

このうち就労継続支援A型は、事業所と直接雇用契約を結んだうえで、自分に合った仕事に従事します。雇用契約を結ぶため、原則として最低賃金が保証されるうえ、勤務日数や勤務時間数によっては、社会保険・雇用保険にも加入できます。

A型の仕事内容は多種多様で、事業所によって異なります。たとえば、ホテルやビルなどの清掃業務、社内カフェやレストランなどの接客・販売業務、パンやお菓子、アクセサリー、雑貨などのものづくり、アンケート集計やホームページ作成などのパソコン業務、書類整理や伝票管理などが挙げられます。

◉雇用に結びつかなかった人が主な対象

就労継続支援A型の対象者は身体障害、知的障害、精神障害、または発達障害や難病があり、原則18歳～65歳未満の人です。

具体的には18歳以降、就労移行支援事業を利用したものの企業への雇用に結びつかなかった人、特別支援学校を卒業後、就職活動を行ったもののうまくいかなかった人、一度就職をしたものの退職し、現在も就職に至っていない人などが対象になります。ただし自治体によっては対象者の条件が若干異なるケースもあるので、各自治体の窓口で確認してください。

2つの就労継続支援

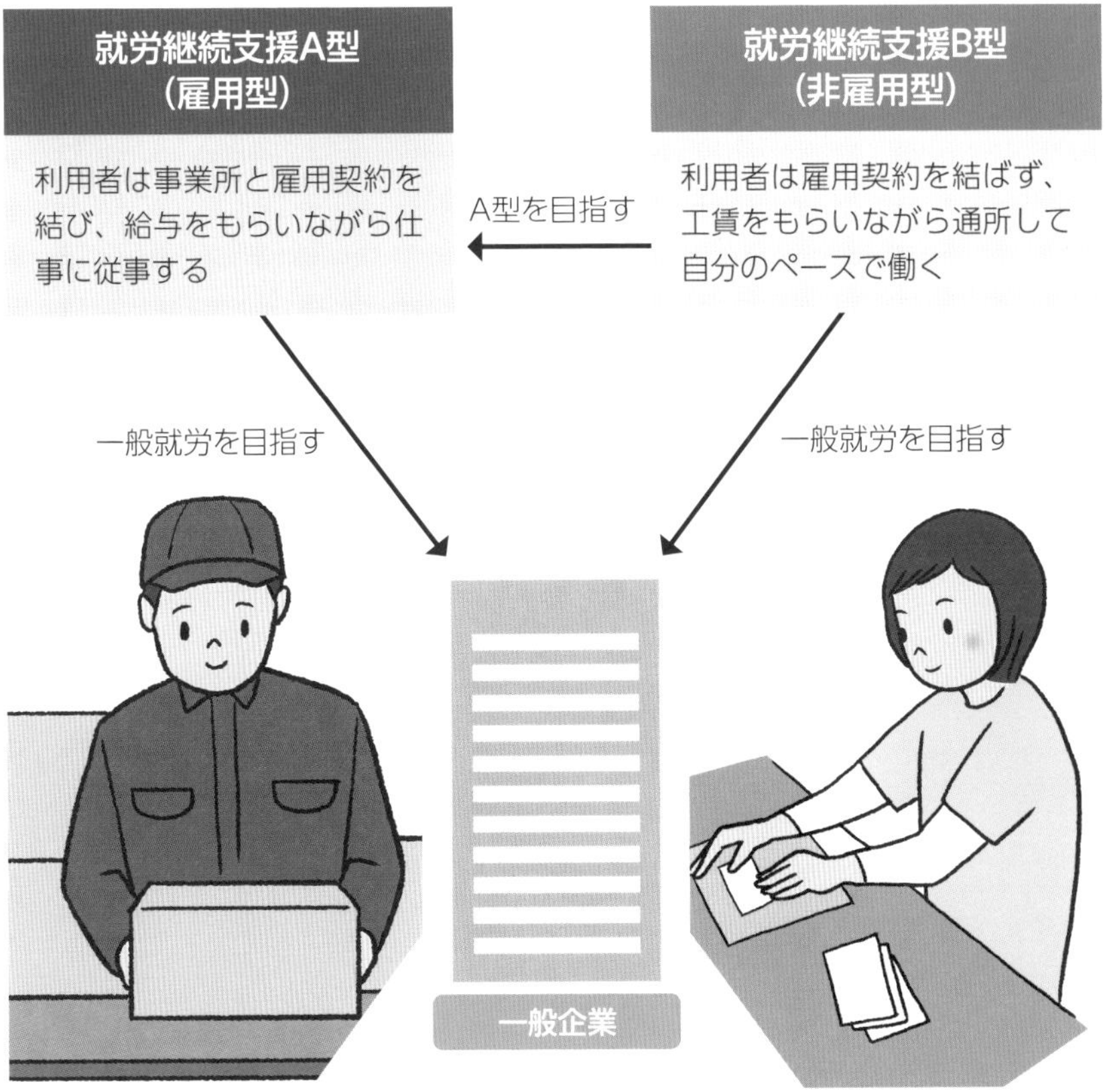
就労継続支援A型
（雇用型）
利用者は事業所と雇用契約を結び、給与をもらいながら仕事に従事する
就労継続支援B型
（非雇用型）
利用者は雇用契約を結ばず、工賃をもらいながら通所して自分のペースで働く
A型を目指す
一般就労を目指す
一般就労を目指す
一般企業

就労継続支援A型の対象者

身体障害、知的障害、精神障害、または発達障害や難病があり、原則18歳～65歳未満の人

① 18歳以降、就労移行支援事業を利用したものの、企業等の雇用に結びつかなかった人

② 特別支援学校を卒業後、就職活動を行ったものの、企業等に結びつかなかった人

③ 一度就職をしたものの、退職してしまい、現在も就職に至っていない人

Part 3

12 就労継続支援（B型）

障害特性や体調を考慮しながら、自分のペースで働くことができます

◉就労継続支援A型と何が違う?

就労継続支援A型では、事業所と雇用契約を結んで仕事に従事します。一方、生産性を重視せず自分のペースで働く場を提供するのが就労継続支援B型です。

一般企業に就職することに不安を感じたり、就職することが困難だという人は少なくありません。そこでB型では雇用契約を結ばず、就労訓練や生産活動などを提供します。つまり、「就労の機会の提供」や「就労に必要な能力を育む」ことを目的とした事業です。

仕事内容は自主製品の作成、パン屋や喫茶店といった飲食店など、A型と同じく多種多様です。

就労継続支援B型を利用するには、身体障害、知的障害、精神障害（発達障害を含む）、難病などがあり、主治医の了解を得られていなければいけません。そのうえで、就労経験があり年齢や体力の面で一般企業に雇用されることが困難になった、50歳以上に達しているなどの要件に当てはまる人が対象となります。

◉工賃が賃金として支払われる

利用料は所得によって自己負担が発生する場合がありますが、工賃が賃金として支払われます。その額は全国平均で1万5776円（令和2年度）となります。

利用期間の上限はありません。ただし上限を設けていないことにより、本来就職できる能力があるのに事業所にとどまってしまう傾向がみられます。そこで近年はアセスメントを行い、本人の能力と意向をより尊重した支援計画の作成を目指しています。

就労継続支援A型とB型の違い

	就労継続支援A型事業	就労継続支援B型事業
特徴	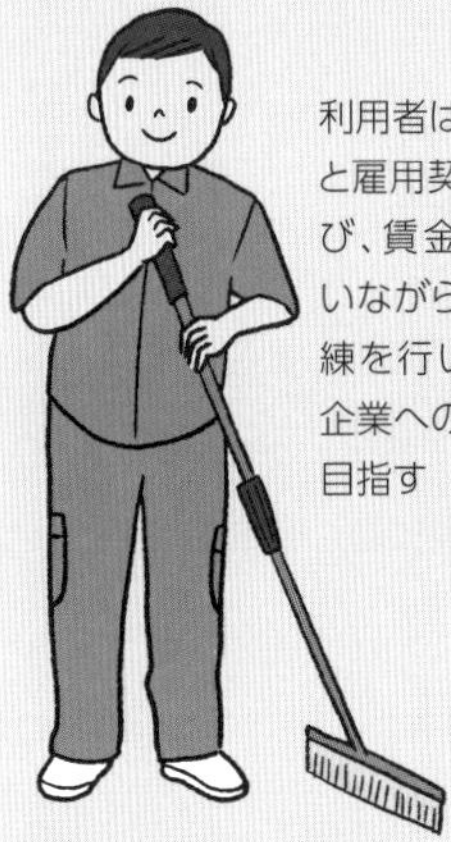 利用者は事業所と雇用契約を結び、賃金をもらいながら職業訓練を行い、一般企業への就職を目指す	 利用者は事務所と雇用契約は結ばず、通所しながら自分のペースで働く
報酬	原則として最低賃金が保証される	工賃が賃金として支払われる
平均賃金（全国平均）	7万9,625円	1万5,776円
施設数	3929ヶ所	1万3355ヶ所

※平均賃金、施設数は令和2年度

就労継続支援B型の対象者

身体障害、知的障害、精神障害（発達障害も含む）、難病などがあり、
主治医から利用の了解を得られている。そして次の要件を満たす

①	企業などでの就労経験があり、年齢や体力の面で一般企業に雇用されることが困難になった
②	50歳以上に達している、または障害基礎年金1級を受給している
③	①と②に該当せず、就労移行支援事業などによるアセスメントにより、就労面にかかる課題などの把握が行われている

Part3

13

自立支援医療

心の病を患っている人に対し、医療費の自己負担額を軽減します

◉医療費の自己負担を軽減できる

自立支援医療制度とは、心身に障害のある人がその障害を除去・軽減するために受けた医療費について、自己負担を軽減する制度です。精神通院医療、更生医療、育成医療の3つの制度を合わせて、このように呼んでいます。

かつては精神保健福祉法、身体障害者福祉法、児童福祉法と、異なる3つの法律のなかで定められていました。そのため、手続きや支給決定の流れ、さらに負担費用ですらバラバラで、とても公正な制度とはいえない状況でした。

そこで障害者自立支援法の施行とともに3つの法律を統合し、手続きや負担費用などを共通化したのです。

◉障害による悪循環を防ぐ

それでは、なぜこのような制度が障害者にとって必要なのでしょうか。

たとえば、重度のうつ病を患っている人は、一般の人と同じように就労することは難しいでしょう。就労しないと生活が困窮し、医療費を支払うことも困難になり、病状がますます悪化する、という悪循環に陥ってしまうことも考えられます。

このような事態にならないよう、少ない自己負担額で受診できるように、自立支援医療制度が設けられています。受診することで体調がよくなれば、働くことができるようになるかもしれません。本人にとってはもちろん、社会にとっても有益なことです。

自立支援医療のしくみ

自立支援医療

精神通院医療	更生医療	育成医療
精神疾患で通院している場合は医療費の一部を負担してくれる	18歳以上の心身障害を軽減する医療費の一部を負担してくれる	子どもの心身障害を軽減する医療費の一部を負担してくれる

心身に障害をもつ方が障害を除去・軽減するために受けた医療費の自己負担を軽減する

自立支援医療の利用者負担

※□内は2024年度までの経過措置

所得区分		更生医療・精神通院医療	育成医療	重度かつ継続		
一定所得以上		対象外	対象外	20,000円	市町村民税235,000円以上	
中間所得	中間所得2	医療保険の高額療養費 ※精神通院のほとんどは重度かつ継続	10,000円	10,000円	市町村民税課税以上235,000円未満	市町村民税33,000円以上235,000円未満
	中間所得1		5,000円	5,000円		市町村民税33,000円未満
低所得2		5,000円	5,000円	5,000円	市町村民税非課税(本人収入が800,001円以上)	
低所得1		2,500円	2,500円	2,500円	市町村民税非課税(本人収入が800,000円以下)	
生活保護		0円	0円	0円	生活保護世帯	

出所：厚生労働省「自立支援医療における利用者負担の基本的な枠組み」
https://www.mhlw.go.jp/bunya/shougaihoken/jiritsu/dl/01.pdf

Part 3
14

意思疎通支援事業

他者とのコミュニケーションが難しい人をサポートします

◉意思伝達を支える事業

視覚、聴覚、言語機能、音声機能、失語などの障害や難病が原因で、他者とコミュニケーションをはかることが難しい人がいます。意思疎通支援事業は、そうした人のコミュニケーションを支えるものです。

障害のある人の主なコミュニケーション手段としては、手話、要約筆記、点字などが挙げられます。そうした方法によって、障害のある人と障害のない人との意思疎通を円滑に進めることが、この事業の目的です。

たとえば手話は、障害者権利条約で「言語」と定義され、日本でも障害者基本法で言語と認められているほど重要なものですが、手話でのコミュニケーションを行う際には、手話通訳士や手話通訳者が必要になるケースが少なからずあります。

そこで都道府県は手話通訳者を養成し、市町村が手話通訳者を必要に応じて会議や講演、講義などに派遣する事業を行っています。

◉体制はまだ不十分

都道府県は手話通訳者のほか、要約筆記者、盲ろう者向け通訳・介助員を養成しています。一方、市町村は手話奉仕員の養成に加えて、手話通訳者、要約筆記者の派遣、点訳、代筆、代読、音声訳などによる支援を行っています。ただし、手話通訳を行う人の数が足りていなかったり、能力のレベルがまちまちだったりと、その体制は十分とはいえません。今後、さらなる発展が期待される分野です。

コミュニケーションの円滑化をはかる

障害者の主なコミュニケーション手段

聴覚障害者を支援する人々

要約筆記者 聴覚障害者に対し、その場で話された内容を文字にして伝える人

要約筆記

手話

聴覚障害者を支援する人々

手話通訳士 社会福祉法人聴覚障害者情報文化センターが実施する試験に合格し、登録された人

手話通訳者 手話通訳に必要な手話語彙、手話表現技術及び基本技術を習得している人

手話奉仕員 手話で日常会話を行うのに必要な手話語彙及び手話表現技術を習得している人

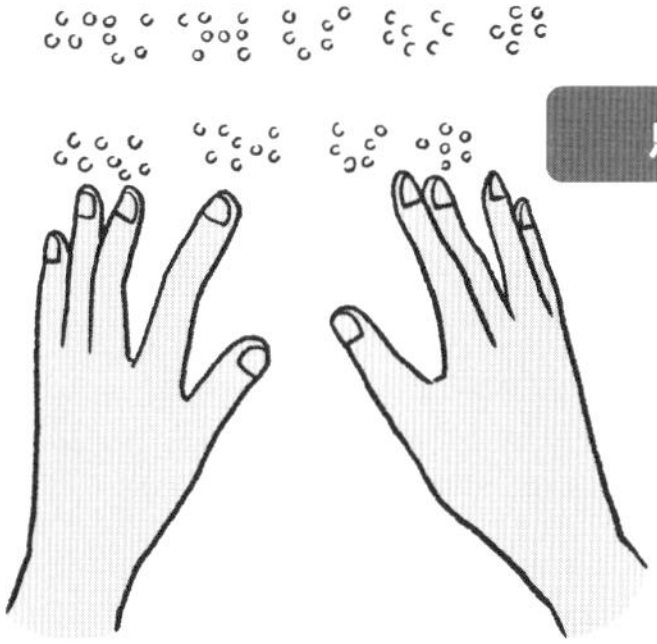

点字

各自治体が手話通訳者や要約筆記者などの派遣事業を行っているが、有資格者の数が十分とはいえず、体制の充実が求められている

Part 3
15
地域活動支援センター

地域の実情に応じ、相談できる場所や居場所を提供します

地域活動支援センターの役割

ふだんは一般就労しているので、休みの日だけでも居場所がほしい
地域と交流をもちたい
気軽に相談できる場所がほしい

↓
そうしたニーズに応えるため、地域活動支援センターが設けられている

◎地域の実情に応じた支援を行う

障害のある人を、その人が住んでいる地域で支えることが、国の地域生活支援事業のひとつとして位置づけられています。その事業における支援機関となっているのが地域活動支援センターです。

地域活動支援センターでは、ふだんは一般就労しているので休みの日だけでも居場所がほしい、気軽に相談できる場所がほしい、地域と交流をもちたいといった人のために、生産・創作活動の機会を設けたり、交流の場所を提供したりしています。

◎2階建てのシステム

地域活動支援センターのしくみは、よく2階建ての

地域活動支援センターのしくみ

	Ⅰ型	Ⅱ型	Ⅲ型
2階部分 = 機能強化事業	・実利用人員は1日あたり概ね20人以上 ・社会福祉士や精神保健福祉士などの専門スタッフの配置が義務づけられ、相談や地域ボランティアの育成、障害理解に関する普及啓発を目的とした研修などを行う	・実利用人員は1日あたり概ね15人以上 ・就労の困難な障害のある人に対し、身体機能の維持や向上を目的とした機能訓練を行ったり、対人関係をスムーズにするための社会適応訓練を行ったりする	・実利用人員は1日あたり概ね10人以上 ・相談を受けたり、活動の場を提供したりする
1階部分 = 基礎的事業	障害により就労が困難な人に対し、創作や作業活動の機会を提供したり、地域社会との交流を促進したりする		

システムでたとえられます。1階部分の基礎的事業は、障害により就労が困難な人に対し、創作や作業活動の機会を提供したり、地域社会との交流を促進することなどを目的とします。

一方、2階部分の機能強化事業は、Ⅰ型・Ⅱ型・Ⅲ型の3つに分類されます。Ⅰ型は社会福祉士や精神保健福祉士などの専門スタッフの配置が義務づけられ、相談や地域ボランティアの育成、障害理解に関する普及啓発を目的とした研修などを行います。

Ⅱ型は障害があって働くことが難しい人に対し、身体機能の維持や向上を目的とした機能訓練を行ったり、対人関係をスムーズにするための社会適応訓練を行ったりします。事業所によっては、入浴サービスや生活面の支援を行うこともあります。

Ⅲ型はかつて存在した無認可作業所が移行できるように設定されたもので、相談を受けたり、活動の場を提供したりします。活動内容は事業によって異なるので、利用する際には実際に見学してみて、どのような場所か確認しておいたほうがよいでしょう。

Part 3

16 放課後等デイサービス

放課後や長期休暇中、子どもに対して学習や訓練を提供します

◉子どもと同時に保護者も支援する

放課後等デイサービスは、児童福祉法に位置づけされた通所型のサービスです。小学校・中学校・高校・特別支援学校に就学している障害のある子どもを対象とし、放課後や夏休みなどの長期休暇中に生活能力を向上させるための学習や訓練、社会交流の場などを提供し、自立的なサポートを目指します。

子どもを対象とする一方で、保護者を支援する側面もあります。子育ての悩みについての相談を受けたり、ペアレント・トレーニングなどを実施して子どもの育ちを支える力をつけられるよう支援したり、親の時間を保障するために一時的にケアを代行したり（レスパイト・ケア）といったサービスを提供しています。

さらに学校と事業所との役割分担を明確にし、連携をはかった支援を実施したりもしています。

◉障害者手帳がなくても利用可能

放課後等デイサービスの対象は、学校教育法で規定された学校に就学している障害のある子どもです。年齢では6歳から18歳となりますが、その後も福祉のサポートが必要な場合は20歳まで利用可能です。療育手帳や障害者手帳がなくても、専門家などの意見書を提出し、必要があると認められれば通えます。

利用費用は原則1割負担ですが、さらに補助を受けられる自治体もあります。所得に応じて4区分の負担上限月額が設定されているので、各自治体に問い合わせてみてください。

放課後等デイサービスのしくみ

障害のある子どもの保護者
放課後等デイサービスを
利用する
子どもの保護者

子どもの相談窓口
のような形で利用する

↓

保護者を支援
- ❶子育ての悩みについて相談にのる
- ❷子どもの育ちを支える力をつけられるよう支援する
- ❸親の時間を保障するため、一時的にケアを代行（レスパイト・ケア）

障害のある子ども
小学校・中学校・高校・
特別支援学校に通う
子どもが対象

放課後や夏休みなどの
長期休暇中に利用する

↓

子どもを支援
- ❶自立した日常生活を営むために必要な訓練
- ❷創作的活動
- ❸地域交流の機会の提供
- ❹余暇活動

放課後等デイサービス

Part3

17 補装具費支給

義肢、車椅子、つえ、補聴器などにかかる費用を補助します

◉購入・修理費用を一部補助

障害のある人は、義肢、車椅子、視覚障害者安全つえ、補聴器などの補装具を利用することができます。

補装具について障害者総合支援法では、「障害者が日常生活を送る上で必要な移動等の確保や、就労場面における能率の向上を図ること及び障害児が将来、社会人として独立自活するための素地を育成助長することを目的として、身体の欠損又は損なわれた身体機能を補完・代替する用具」と定めています。つまり補装具とは、「障害のある人の暮らしや就労に役立つよう、その人に合わせて作成した用具」といえます。

たくさんの補装具があり、利用希望者が市町村に申請すると、購入・修理費用の一部を補助してもらえます。必要な書類は補装具費支給申請書、補装具費支給意見書、身体障害者手帳のほか、見積書を求められることもあります。市町村によって異なるので、どのような書類が必要になるか相談してみましょう。

◉利用者負担は原則1割

補装具費の利用者費用は、原則1割です。ただし、申請者の世帯の所得に応じて負担の上限額が決められています。生活保護世帯と住民税非課税世帯は0円、住民税課税世帯は3万7200円です。

また、障害のある人本人、あるいは世帯員のいずれかが一定所得以上の場合（市町村住民税所得割の最多納税者の納税額が46万円以上の場合）には、補装具費の支給対象外となります。

主な補装具

身体障害者用

・義肢
・装具
・車椅子
（普通型、手押し型、レバー駆動型など）
・電動車椅子
（普通型、簡易型、リクライニング式など）
・歩行器（六輪型、四輪型、三輪型など）
・歩行補助つえ
（松葉づえ、カナディアン・クラッチなど）
・座位保持椅子
・起立保持椅具

視覚障害者用

・視覚障害者安全つえ
・義眼
・眼鏡
（矯正眼鏡、遮光眼鏡、
コンタクトレンズなど）

聴覚障害者用

・補聴器（難聴用、耳あな型など）

その他

・重度障害者用意思伝達装置
・頭部保持具
・排便補助具

補装具の利用者負担額

	世帯の収入状況	負担上限月額
生活保護	生活保護受給世帯	0円
低所得	市町村民税非課税世帯（※）	0円
一般	市町村民税課税世帯	3万7,200円

※市町村民税非課税世帯。ex.3人世帯で障害基礎年金1級を受給している場合、概ね300万円以下の収入の世帯

Part3

18

サービス申請の手順

障害福祉サービスを利用する際には、どのように申請するのでしょうか？

◉申請する場所は市町村の窓口で

障害福祉サービスを利用する際には、市町村の窓口で申請を行います。

所定の用紙に氏名、居住地、世帯の収入状況、主治医、介護保険利用状況、現在のサービス利用状況もしくは希望するサービスなどを記載します。

介護保険の利用状況について尋ねられるのは、介護保険と総合支援法では一部重なるサービスがあり、基本的には介護保険が優先されるからです。主治医に関しては、いる場合のみ記載すればよいでしょう。

◉調査員には「日常」をみてもらう

申請を受け付けた市町村は、障害支援区分の認定調査を実施します。認定調査については、市町村職員もしくは、市町村から委託を受けた指定一般相談支援事業者の相談支援専門員等であって、都道府県が行う障害支援区分認定調査員研修を修了した人が実施します。

認定調査員は、障害のある人本人及び家族と面接を実施して、移動、動作、意思疎通などの心身の状況や環境を調査します。その際、障害のある人はふだんと違う環境に置かれるせいか、日常の心身の状況や発言と乖離してしまうケースが少なくありません。そのため調査員は注意深く見極める必要があります。また、リラックスして調査を受けてもらえるような環境や雰囲気づくりも大切になるでしょう。

適切なサービスを利用できるように、その人の「日常」をみてもらうことが大切です。

サービス利用申請の流れ

障害者・障害者の家族

❶申請を行う

- 申請用紙に氏名、居住地、世帯の収入状況、主治医、介護保険利用用状況、現在のサービス利用状況もしくは希望するサービスなどを記載
- 介護保険の利用状況を申告
- 主治医がいれば記載する

❷調査を行う

- 認定調査員が申請者及び家族と面接を実施
- 移動、動作、意思疎通などの心身の状況や環境を調査する

市区町村

調査の際の留意点

障害のある人	調査員
普段と違う環境のためか、日常の心身の状況や発言と異なるケースがある	申請者の状況について注意深く見極める。リラックスして調査を受けてもらえるような環境や雰囲気づくりを心がける

Part3
19
認定調査の内容

申請を行うと、大きく3つの調査が行われます

◉調査は3つに分かれる

サービスを申請すると、市町村による利用者の調査が行われます。その調査は①概況調査、②障害支援区分の認定調査、③特記事項の3つからなります。

まず概況調査では、本人と家族などの基本情報をはじめ、認定を受けている各種の障害等級、現在受けているサービスの状況、さらに地域生活関連や就労関連、日中活動関連、介護者関連、居住関連について確認します。この調査をとおして、本人がどのくらい外出しているか、社会活動に参加しているかどうか、日中はどのような場所でどう暮らしているかが確認されます。

◉認定調査項目は客観性に基づく

次に障害支援区分の認定調査は全部で80項目あり、①移動や動作等に関連する項目、②身の回りの世話や日常生活等に関連する項目、③意思疎通等に関連する項目、④行動障害に関連する項目、⑤特別な医療に関連する項目の5領域について調査します。

これらの項目は、身体障害、知的障害など、どの障害もすべて共通の内容で、調査員の主観に左右されにくい客観的な基準となっています。なお、調査時間はおおむね1時間程度。「できたりできなかったりする場合」は、「できない状況」に基づいて判断されます。

最後の特記事項は、認定調査項目に関することに限らず、「調査対象者に必要とされる支援の度合い」に関して確認できた事項を票に記載することが想定されています。

サービス支給の可否を決める3つの調査

❶概況調査

本人と家族などの基本情報、現在受けているサービス状況、地域生活関連や就労関連、日中活動関連、介護者関連、居住関連について調査する

❷障害支援区分認定調査(全80項目)

1. 移動や動作等に関連する項目(12項目)

- 1-1 寝返り
- 1-2 起き上がり
- 1-3 座位保持
- 1-4 移乗
- 1-5 立ち上がり
- 1-6 両足での立位保持
- 1-7 片足での立位保持
- 1-8 歩行
- 1-9 移動
- 1-10 衣服の着脱
- 1-11 じょくそう
- 1-12 えん下

2. 身の回りの世話や日常生活等に関連する項目(16項目)

- 2-1 食事
- 2-2 口腔清潔
- 2-3 入浴
- 2-4 排尿
- 2-5 排便
- 2-6 健康・栄養管理
- 2-7 薬の管理
- 2-8 金銭の管理
- 2-9 電話等の利用
- 2-10 日常の意思決定
- 2-11 危険の意識
- 2-12 調理
- 2-13 掃除
- 2-14 洗濯
- 2-15 買い物
- 2-16 交通手段の利用

3. 意思疎通等に関連する項目(6項目)

- 3-1 視力
- 3-2 聴力
- 3-3 コミュニケーション
- 3-4 説明の理解
- 3-5 読み書き
- 3-6 感覚過敏・感覚鈍麻

4. 行動障害に関連する項目(34項目)

- 4-1 被害的・拒否的
- 4-2 作話
- 4-3 感情が不安定
- 4-4 昼夜逆転
- 4-5 暴言暴行
- 4-6 同じ話をする
- 4-7 大声・奇声を出す
- 4-8 支援の拒否
- 4-9 徘徊
- 4-10 落ち着きがない
- 4-11 外出して戻れない
- 4-12 1人で出たがる
- 4-13 収集癖
- 4-14 物や衣類を壊す
- 4-15 不潔行為
- 4-16 異食行動
- 4-17 ひどい物忘れ
- 4-18 こだわり
- 4-19 多動・行動停止
- 4-20 不安定な行動
- 4-21 自らを傷つける行為
- 4-22 他人を傷つける行為
- 4-23 不適切な行為
- 4-24 突発的な行動
- 4-25 過食・反すう等
- 4-26 そう鬱状態
- 4-27 反復的行動
- 4-28 対人面の不安緊張
- 4-29 意欲が乏しい
- 4-30 話がまとまらない
- 4-31 集中力が続かない
- 4-32 自己の過大評価
- 4-33 集団への不適応
- 4-34 多飲水・過飲水

5. 特別な医療に関連する項目(12項目)

- 5-1 点滴の管理
- 5-2 中心静脈栄養
- 5-3 透析
- 5-4 ストーマの処置
- 5-5 酸素療法
- 5-6 レスピレーター
- 5-7 気管切開の処置
- 5-8 疼痛の看護
- 5-9 酸素療法
- 5-10 モニター測定
- 5-11 じょくそうの処置
- 5-12 カテーテル

出所:厚生労働省 障害者総合支援法における「障害支援区分」の概要
https://www.mhlw.go.jp/file/06-Seisakujouhou-12200000-Shakaiengokyokushougaihokenfukushibu/1_26.pdf

❸特記事項

調査対象者に必要とされる支援の度合いについて確認する

この3つの調査が障害支援区分決定の資料となる

Part 3

20 支給の決定方法

調査認定後には、一次と二次、2回の判定を受けます

◉2回の判定がなされる

認定調査後、その調査結果と主治医の意見書（医師意見書）をもとに一次判定が行われます。一次判定は、国が配布するコンピューターで判定処理が行われます。

二次審査は、市町村審査会で一次判定結果や概況調査、特記事項、医師意見書を用いて実施されます。

市町村審査会は、認定調査や医師意見書の記載内容に隔たりがないか、一次判定結果に関して修正の必要性はないか等を確認した上で決定します。利用者が決定内容に不服がある場合、不服申し立てができます。不服申し立て先は都道府県知事となっています。

なお訓練給付では、原則、共同生活援助を除いて障害支援区分を認定する必要はありません。

◉医師意見書の役割とは？

医師意見書は一次判定と二次判定の2回使用されます。一次判定では麻痺（左右：上肢、左右：下肢、その他）、関節の拘縮（左右：肩・肘・股・膝関節、その他）、精神症状・能力障害二軸評価（精神症状評価、能力障害評価）、生活障害評価（食事、生活リズム、保清、金銭管理、服薬管理、対人関係、社会的適応を妨げる行動）、てんかんに関する項目が使用されます。

二次判定では現在、発生の可能性が高い病態とその対処方針など、一次判定で使用されなかった項目を使用します。認定調査項目の調査項目と一部重なっているように思えますが、それぞれの専門的見地から多角的に利用者本人を評価することが目的です。

サービス支給までの流れ

介護給付の場合

市区町村の障害福祉担当窓口に申請する

↓

障害支援区分認定調査

80項目の調査を行う(91ページ参照)

↓

一次判定(市区町村)

コンピュータによる判定がなされる

↓

二次判定(審査会)

専門家による判定がなされる

↓

障害支援区分の認定

障害の程度により1〜6の6段階で判定される

↓

（**訓練給付を希望する場合** ※共同生活援助で介護を要する場合を除く：申請から直接次の段階へ）

サービス利用意向の聴取・サービス等利用計画案の作成

(94ページ参照)

↓

暫定支給決定

サービスを一定期間試してみる

↓

サービス担当者会議

サービス担当者が集まり、ケアプランの内容を検討する

↓

サービス等利用計画案の作成

↓

サービス利用を開始する

出所：厚生労働省「障害者総合支援法 サービス利用の手続き」
https://www.mhlw.go.jp/bunya/shougaihoken/service/riyou.html

Part 3

21 サービス等利用計画

サービス利用者がいきいきした生活を送るための計画です

サービス担当者会議でつくる

サービス支給が決定したら、サービス等利用計画を作成します。サービス等利用計画とは、利用者本人がどのような生活を希望して、その希望を叶えるためにはどのような目標を立てて、どのようなサービスを導入したらよいのかを決めるためのもの。サービス等利用計画案を作成した事業者が中心となってサービス担当者会議を実施し、関係各所と連絡調整を行い、利用者本人や家族の意向尊重しながら組み立てていきます。

主体的に生活を送るという観点で

サービス等利用計画の事例（96ページ参照）をみると、「利用者及びその家族の生活に対する意向（希望する生活）」には「左手を使い、以前のように働き、少しでも家族を養いたい」「趣味のガーデニングを楽しみたい」と就労や趣味の充実について記載されています。これら2つの意向を実現のために記載するのが「総合的な援助の方針」で、事例には作業能力を向上させて、就労の道を探ることとなどが書かれています。

そして援助の方針は「長期目標」と「短期目標」から成り立っており、その2つの目標の達成に向けて、具体的な6つの「解決すべき課題（本人のニーズ）」を挙げ、それぞれの「支援目標」、「達成時期」、「福祉サービス」、「課題解決のための本人の役割」などを記載しています。このなかで特に大切なのは「課題解決のための本人の役割」です。主体的に生活を送るという観点から、自分自身の役割を意識することが重要です。

支給決定からの流れ

支給が決まる

市町村の審査の結果、障害福祉サービスの支給が決定する

↓

サービス担当者会議を開く

サービス等利用計画案を作成した事業者が中心となってサービス担当者会議を実施。利用者にサービスを提供するための「サービス等利用計画」の作成に向けて準備を進める

↓

サービス等利用計画を作成する

利用者自身の心身状況や生活環境、現在受けているサービス、利用者や家族の意向、支援を行ううえでの課題などについて査定し、利用計画を組み立てていく

記載する内容

- どのような生活を望むか
- 目標の達成時期はいつ頃か
- 解決すべき課題は何か
- サービスの内容は量
- 短期・長期の希望や目標
- 留意事項

出所：平成23年度厚生労働省障害者総合福祉推進事業
「サービス等利用計画の実態と今後のあり方に関する研究事業」サービス等利用計画作成サポートブック

	相談支援事業者名	○○相談支援センター
	計画作成担当者	○○　○○

2012年4月～6月）	利用者同意署名欄	○○　○男

❷❶の意向を実現するために、サービス担当者がどのようなケアを実施しようとするのかを記載する

送れるようにする。

❸❷の援助の方針として、長期の目標と短期の目標を立てる

けるようになったら、週4回行けることを目指す。

等 ・時間）	課題解決のための本人の役割	評価時期	その他留意事項
10時から16時まで 練習する。 ボランティアセン	・就労移行支援事業所への通所日には時間までに準備をする。 ・その日のボランティアの名前を調べておき挨拶する。	1ヶ月	就労移行事業所への行きはボランティアに送迎をお願いする。帰りは事業所が送る。
支援センターが家族 本人・家族と主治医	・制度を理解する。 ・一人で留守番をして、妻が働きに行けるように協力する。	1ヶ月	・貯金を整理してきちんと把握（妻） ・生命保険の手続きをすすめる（妻） ・妻は非常勤講師から塾の教員に転職を考えている。
迎で2時間程度、 る。	・仲間の介助でサークルに参加する。	1ヶ月	
重のチェック スを利用	・家の周りを散歩する（1日2回、30分ずつ）	1ヶ月	本人とプールに行き水中歩行（息子）
）にて入浴の介護 ）	外出の計画を立てる。	1ヶ月	入浴日以外は、妻がシャワー浴の見守り等の支援をする。
（ST） 利用）	通所していない日の自習	1ヶ月	

❺❹の解決すべき課題（本人のニーズ）における本人の役割を具体的に記載する

サービス等利用計画の記入例

利用者氏名	○○　○男	障害程度区分	区分
障害福祉サービス受給者証番号	1234567890		
地域相談支援受給者証番号			

計画案作成日	2012年4月1日	モニタリング期間（開始年月）	1か

利用者及びその家族の生活に対する意向（希望する生活）	左手を使い、以前のように働き、少しでも家族を養いたい。 趣味のガーデニングを楽しみたい。
総合的な援助の方針	体力をつけて、できる限り作業能力を向上させて、就労の道を探る。 生活リズムの安定をさせ健康にも配慮しながら、本人が好きなことをして充実した
長期目標	就労のための訓練をして、少しでも給料の高いところで働く。
短期目標	運動などで体重を5キロ減らしながら体力をつけて、就労支援事業所に無理なく週

❶利用者本人とその家族がどのような生活を送りたいと考えているのかを記載する

優先順位	解決すべき課題（本人のニーズ）	支援目標	達成時期	福祉サー 種類・内容・量
1	右片麻痺があるが体力を維持しながら、働きたい。	一日のスケジュールを決め、体力の向上に努め、週3回就労移行支援事業所に通えるようになる。	3ヶ月	・就労移行支援事業所へ週 通う。パソコンによる入力 ・事業所への送りの調整は ターが行う。
2	無収入で経済的に家計がひっ迫している。	・年金の手続きをする。 ・特別障害者手当の受給について検討する。	3ヶ月	・年金申請手続きについて、にアドバイスをする。 ・特別障害者手当の可否に の意見をきく。
3	好きなガーデニングを楽しみたい。	昔の仲間と市内のガーデニングへ出かける。	12ヶ月	第1・2・4の月曜日に友 ガーデニングのサークルに
4	運動不足から体重の増加があり、再発作を起こすおそれがある。	高血圧・高脂血症があるので健康管理し、体重を5キロ減らす。	3ヶ月	・モニタリング時に実施状 ・月1回の通院は市の送迎サ
5	安心してお風呂に入りたい。	週に3回は入浴をする。	1ヶ月	・訪問介護（介護保険・身 週3回（各1時間） ・移動支援事業で週1回（2 外出の支援
6	もっとちゃんとはなせるようになりたい。	留守番ができるようになる。	3ヶ月	介護保険サービスによる通 月2回（市の送迎サー

❹❸の長期目標と短期目標を達成するために解決しなければならない課題、もしくは本人のニーズを具体的に記載する

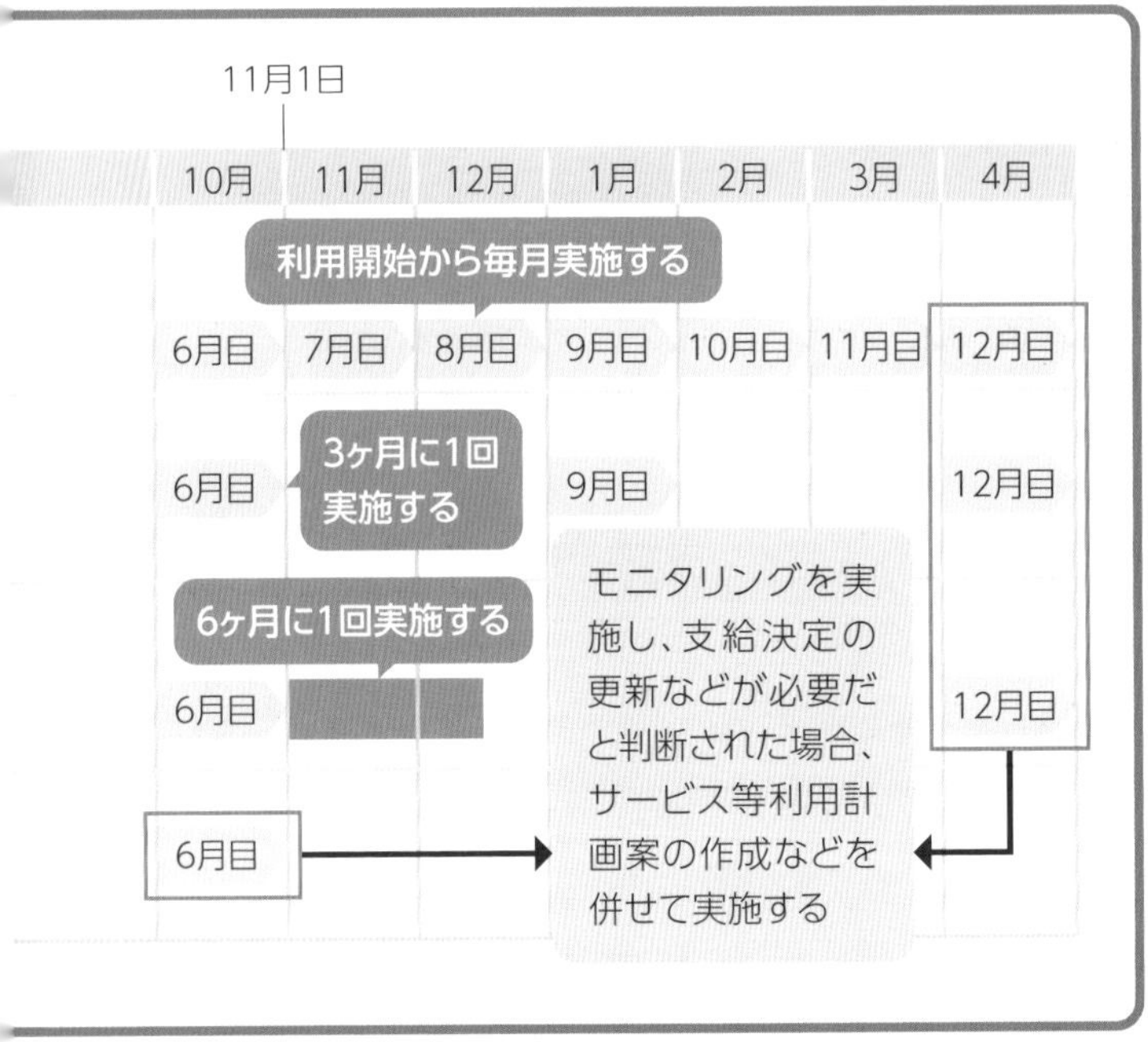

Part 3

22 モニタリング

計画どおりに支援が進んでいるかを確認します

◉サービスの満足やニーズを調査

サービス等利用計画が決定すると、次に個別支援計画が作成されます。その個別支援計画に基づいて、利用者に各種のサービスが提供されることになります。その後に行われるのがモニタリングです。

せっかく支援計画を立てても、その計画どおりに進んでいなければ意味がありません。しかし、実際には計画どおりに進むことのほうが珍しく、計画を立てたときと、支援がはじまったときを比較すると、利用者本人を取り巻く環境や心境が変わっていて、サービスが利用者の満足やニーズに応えきれていないことが往々にしてあります。

そこでモニタリングを行い、サービスの質を担保で

モニタリングの標準期間（イメージ）

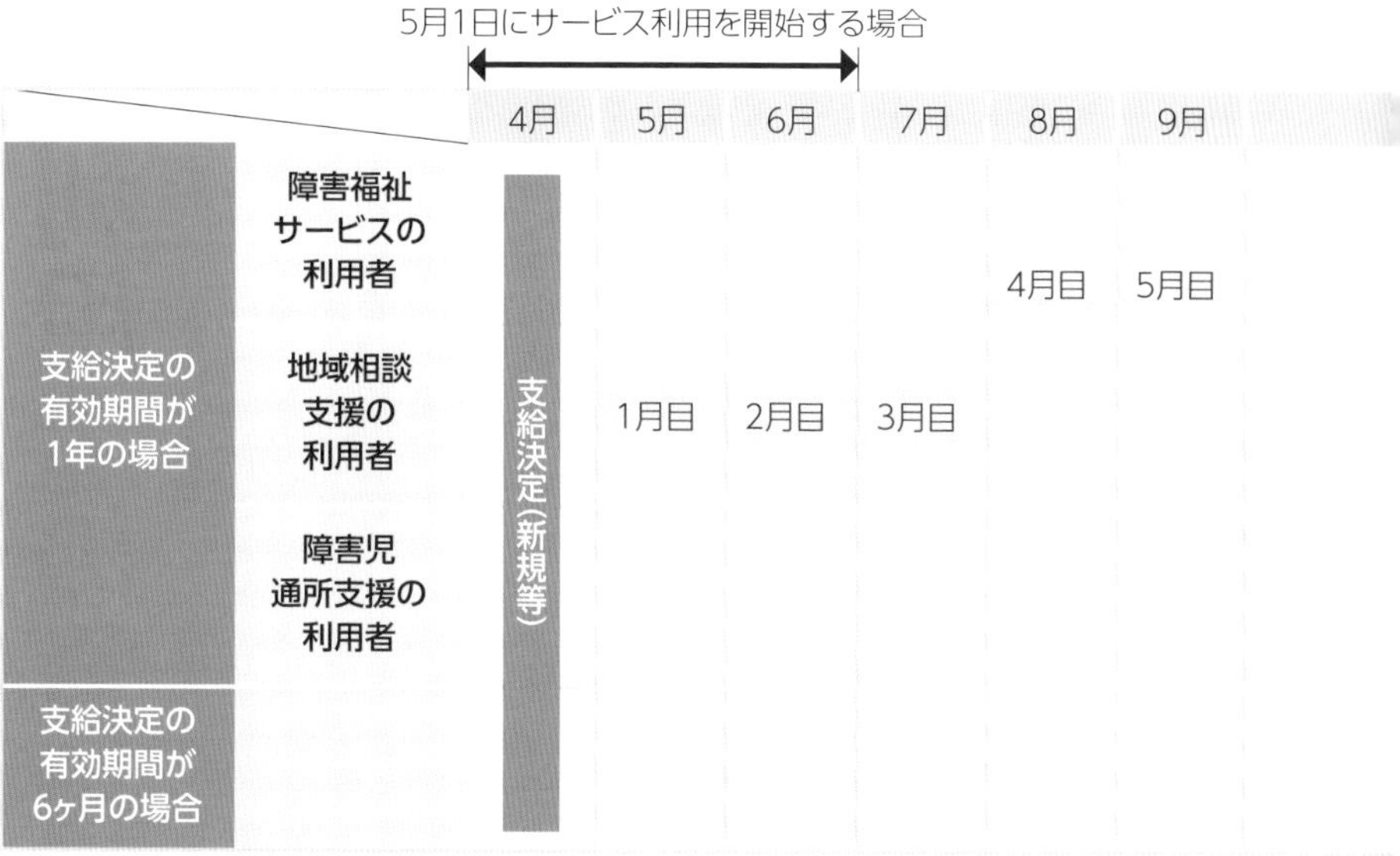
5月1日にサービス利用を開始する場合
4月
5月
6月
7月
8月
9月
支給決定の有効期間が1年の場合
障害福祉サービスの利用者
地域相談支援の利用者
障害児通所支援の利用者
支給決定の有効期間が6ヶ月の場合
支給決定（新規等）
1月目
2月目
3月目
4月目
5月目

参考：『障害福祉サービスの利用について 2021年4月版』（全国社会福祉協議会）

きるようにするのです。

◎丁寧に聞き取りして確認する

モニタリングでは、利用者本人や家族が支援計画についてどのように思っているか確認しながら、支援の実施状況についてひとつずつ確認していきます。

たとえば支援計画どおりに進んでいたとしても、本人から「こんなはずじゃない」「思っていた生活とぜんぜん違う」などの訴えがあるかもしれません。逆に計画どおりに進んでいないにもかかわらず、「とても快適な生活です」「このままで大丈夫です」といった評価がなされることもあります。

そうした乖離を解消するためにモニタリングを実施し、丁寧に聞き取りをして、なぜそのような状況になっているかを確認します。そして生活の実態に即した支援計画を再度作成するのです。

モニタリングは一度実施して終了というものでもありません。対象者の状況によって、1ヶ月に1回、6ヶ月に1回などと決まっています。

Part 3

23 利用者の負担額

サービス利用者がどれくらいの金額を負担するかを知っておきましょう

◉月ごとの利用者負担額は？

障害福祉サービスを利用する場合、利用者はどれくらいの料金を負担するのでしょうか。

結論からいうと、月ごとの利用者負担には所得に応じて上限が設けられており、ひと月にどれだけサービスを利用しても上限額以上の負担は発生しません。これを応能負担といいます。

応能負担は、左図のように「一般2」「一般1」「低所得」「生活保護」に分かれています。たとえば世帯収入が概ね600万円以上の人は「一般2」に該当し、負担は3万7200円となります。

どの区分に該当するかについては、市町村が認定します。市町村は利用者が準備した2つの資料、すなわち①利用者の属する世帯の市町村民税の課税状況がわかるもの、②利用者の属する世帯の障害年金など特別児童扶養手当などの受給状況がわかるものに基づき、区分を認定します。なお、利用者が申請しない場合、「一般2」に該当するとみなされてしまうので注意しなければなりません。

◉さまざまな軽減措置がある

利用者負担に関しては、所得の低い人に配慮して、さまざまな軽減措置が設けられています。

障害をもっていると、どうしても働く機会や所得が少なくなりがちな傾向にあります。そうした状況に置かれた人が障害福祉サービスを利用する際の金銭的な負担を軽くするための措置です。

利用者の負担上限額

区分	世帯の収入状況	負担上限月額
生活保護	世帯保護を受給している世帯	0円
低所得	市町村民税が非課税の世帯（注1）	0円
一般1	市町村民税課税世帯（注2）（注3）	9,300円
一般2	上記以外	3万7,200円

（注1）3人世帯で障害基礎年金1級受給の場合、収入が概ね300万円以下の世帯が対象となる
（注2）所得割16万円（収入が概ね600万円以下の世帯）未満が対象となる
（注3）入所施設利用者（20歳以上）、グループホーム利用者は、市町村民税課税世帯の場合、「一般2」となる

利用者負担の軽減措置

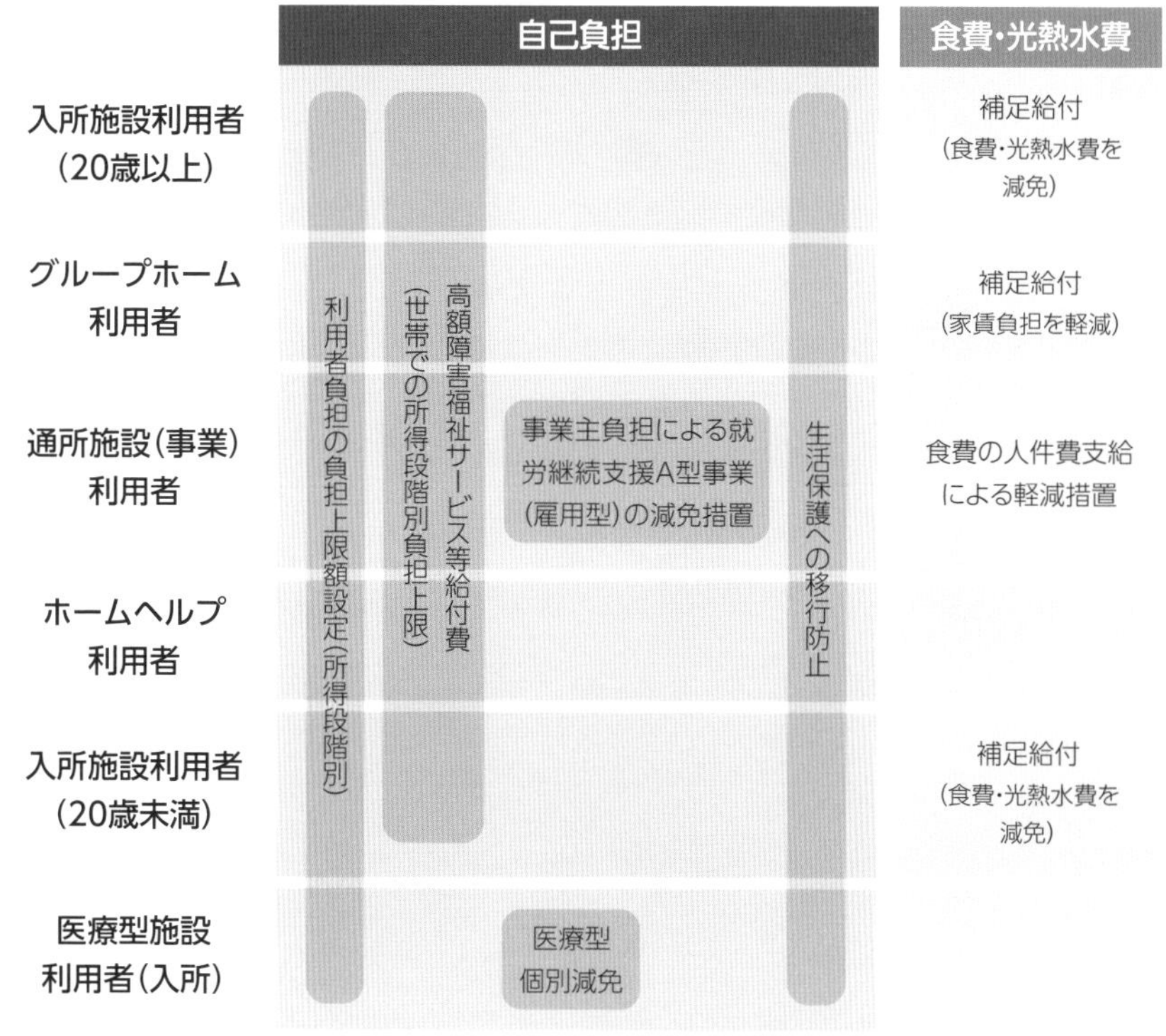
自己負担
食費・光熱水費
入所施設利用者（20歳以上）
グループホーム利用者
通所施設（事業）利用者
ホームヘルプ利用者
入所施設利用者（20歳未満）
医療型施設利用者（入所）
利用者負担の負担上限額設定（所得段階別）
高額障害福祉サービス等給付費（世帯での所得段階別負担上限）
事業主負担による就労継続支援A型事業（雇用型）の減免措置
医療型個別減免
生活保護への移行防止
補足給付（食費・光熱水費を減免）
補足給付（家賃負担を軽減）
食費の人件費支給による軽減措置
補足給付（食費・光熱水費を減免）

出所：厚生労働省 傷害保険福祉主管課長会議資料
https://www.mhlw.go.jp/topics/2005/04/tp0428-1e/01.html

Part 4

障害者のための法律と制度

障害のある人を支える支援やサービスは、法律や制度のもとに成り立っています。障害基本法を中心として、さまざまな法制度が整えられています。障害福祉サービスの根幹となっている法制度について、この章で学びましょう。

この章のメニュー

Part4

1 障害者基本法

この法律が日本の
障害者に関する
法制度の根幹になっています

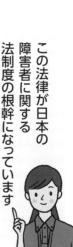

障害者基本法とは?

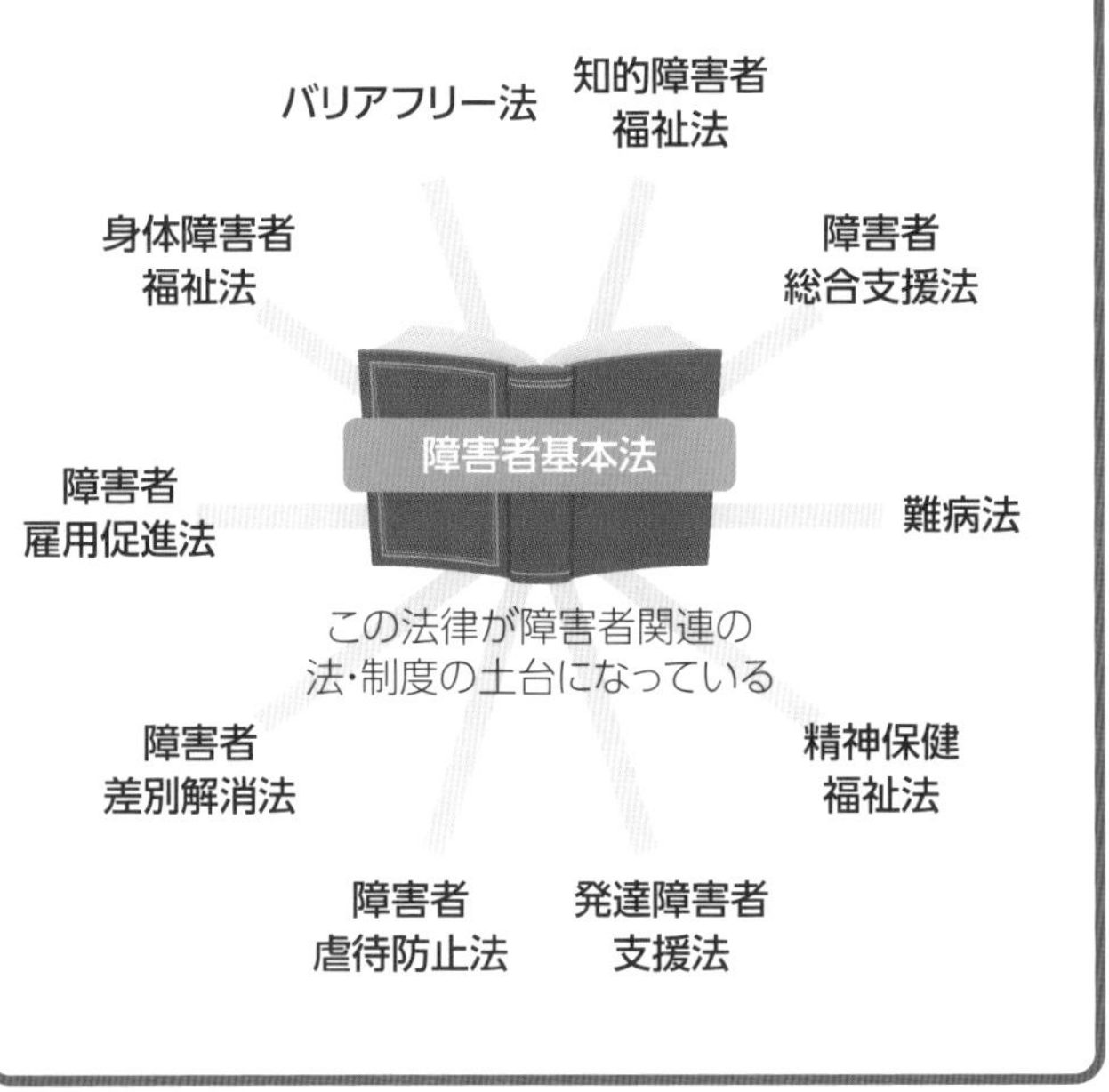

◎障害者施策全体の方向性を示す

障害者基本法とは、障害のある人の法律や制度について基本的な考え方を示し、国や地方公共団体などの責務を明らかにし、「障害者」の定義などを定めた法律です。障害のある人が個人として尊重され、社会を構成する一員として社会、経済、文化といった日常生活上のあらゆる分野に参加できるよう、施策を進めることを目的としています。

日本の障害者施策全体の方向性を示すものであり、この法律をベースにして、障害者総合支援法、障害者虐待防止法、障害者差別解消法、障害者雇用促進法、精神保健福祉法、児童福祉法など、さまざまな法律や制度がつくられています。

障害者基本法の3つの原則

基本原則1　地域社会における共生

すべての国民が障害の有無によって分け隔てられることなく、人格と個性を互いに尊重し合いながら、地域で共生する社会を実現する

基本原則2　差別の禁止

障害をもっているということを理由に、障害のある人を差別してはいけない。障害のある人にとっての社会的障壁がある場合は、その障壁をなくすための対応をしなければならない

基本原則3　国際的協調

人権が尊重される共生社会をつくるために、世界各国の人々と協力しなければならない

共生社会を目指す

障害者基本法は1993年に制定され、2004年と2011年に一部改正がなされました。改定の背景には、国連で障害のある方の権利や尊厳を保護し、促進することを目的とした『障害者権利条約』が採択されたことが影響しています。

そのなかで、障害のある人が日常生活や社会生活を送る上で制限をもたらす社会的障壁について具体的な規定がなされたり、「合理的配慮」の概念などについて取り入れられたりしました。障害のある人もそうでない人も「共生する社会」の実現が明記されたのです。

また、障害者基本法は国や地方自治体での障害者基本計画の策定を義務づけただけでなく、障害のある人に対する医療・福祉サービスの提供も義務づけています。そして、努力義務の形で事業主の障害者雇用に関する責任も明記されました。

障害のある人にとって障害者基本法は生活全般にわたって必要となる重要な法律なのです。

Part4

2 障害者差別解消法

障害を理由にする差別を禁止して、平等な機会を保障します

2 合理的配慮の提供

義務

障害のある人の生活・社会参加を阻む環境や制度などを改良すべく、対応したり、支援したりすること

たとえば……

視覚障害者

施設内の案内を点字化したり、掲示板に表示したりする

聴覚障害者

手話や文字でのコミュニケーションを可能にする

車椅子利用者

出入り口にスロープやエレベーターを設ける

おまたせしました
55
お入り下さい
おまたせしました

●差別の禁止と合理的配慮を実現

障害のある人に対する差別は根深い問題です。差別をなくし、必要な支援を行うため、２０１６年４月に施行されたのが障害者差別解消法（「障害を理由とする差別の解消の推進に関する法律」）です。障害のある人への差別をなくすことで、障害の有無にかかわらず、お互いに人格と個性を尊重し合い、共生する社会をつくることを目的にしています。

この法律の大きな特徴として、障害者基本法第４条の「差別の禁止」を具体化したことが挙げられます。これにより、たとえば国の行政機関や地方公共団体、会社や店舗などの民間事業者は、障害のある人への不当な差別的取扱いが禁止されました。

障害者差別解消法の2本柱

1 不当な差別的取扱いの禁止

禁止

障害のある人に対し、正当な理由なくサービスの提供を拒否したり、制限を設けたり、条件をつけたりすること

たとえば……

店員
障害があるからという理由により、入店を断る

学校関係者
文字の読み書きに時間ががかるからといって受験を拒む

病院関係者
障害のある人本人に話しかけず、介助を行う人だけに話す

また、障害のある人や介助を行う人などから配慮を求める意思表明があった場合は、負担になり過ぎない範囲で「合理的配慮」をはからなければなりません。2021年5月の一部改正時には、それまで努力義務にとどまっていた民間事業者による合理的配慮の提供が法的義務となりました。

● 対象は障害者だけではない

障害者差別解消法の対象者は、身体障害、知的障害、精神障害（発達障害を含む）のある人だけではありません。日常生活や社会生活に相当な制限を受けているすべての人が対象となります。不当に差別的取扱いを受け、合理的配慮が提供されず、困ったことがあった場合は、まず地域の身近な相談を受けつける窓口に相談してください。

障害者差別解消法の施行は、誰もが生きやすい世の中になっていくためのスタートであるともいわれています。この法律をもとに、誰もが同じサービスを求めることができる、共生社会を目指すのです。

Part4

3

障害者雇用促進法

障害者の雇用安定を推進することを目的として制定されました

障害者雇用促進法の成り立ち

障害者雇用促進法

職業リハビリテーションの推進	対象障害者の雇用義務等に基づく雇用の促進等
・障害のある人や事業主への助言、指導、職業紹介、訓練等の活動の活動といった職業リハビリテーションに関する法的根拠を示す ・地域障害者職業センター、障害者就業・生活支援センターなどの意義や運営について規定する	・事業主が障害のある人を雇用する義務があることを具体的に示す ・障害者差別の禁止や合理的配慮の提供義務について定める(左図)

障害があっても、社会に参加して活躍できるように事業主に働きかけていく
=社会連帯と共生社会の実現を目指す

●2本の柱で構成されている

障害者雇用促進法（障害者の雇用の促進等に関する法律）では、「雇用に取り組む意義」と「企業が守るべき義務」が定められています。つまり、この法律は障害のある人の職業の安定をはかることを目的としたもので、「対象障害者の雇用義務等に基づく雇用の促進等」と、「職業リハビリテーションの推進」という2本の柱から成り立っています。

まず、対象障害者の雇用義務等に基づく雇用の促進等では、事業主が障害のある人を雇用する義務があることを具体的に示し、障害のある人への差別の禁止や合理的配慮の提供義務などについて定めています。

差別の禁止の事例としては、障害をもっていること

障害者を雇用する際のルール

差別の禁止（例）

・障害があることを理由に、募集や採用の対象から除外する
・募集や採用にあたり、障害のある人に対してのみ資格を義務づけるなど、不利な条件をつける
・賃金、昇降格、教育訓練などで、障害のある人を差別する

合理的配慮の提供（例）

・視覚障害のある人への募集の際、音声などで情報を提供する
・聴覚障害のある人との面接の際、筆談などによってやりとりする
・精神障害のある人の出退勤時間や休暇、休憩などについて配慮する

を理由に採用を拒んだり、低い賃金を設定したりすることが挙げられます。合理的配慮の提供については、聴覚障害や言語障害のある人に筆談などで面談を行うといったことが義務づけられます。

次に、職業リハビリテーションの推進では、障害のある人本人及び事業主への助言、指導、職業紹介、訓練といった職業リハビリテーションに関する法的根拠を示しています。また、地域障害者職業センターや障害者就業・生活支援センターなどの意義や運営について規定されています。

障害者雇用促進法の目指すもの

障害者雇用促進法の目指すビジョンは、「社会連帯」と「共生社会の実現」です。障害のある人でも、社会の一員として活躍することができるよう、事業主に働きかける法律です。

この法律のもと、障害のある人は労働者のひとりとして経済活動を支え、自身の意思を示し、能力を発揮する機会を確保するのです。

Part4

4 障害者虐待防止法

障害者の虐待防止・権利擁護のためにつくられた法律です

障害者虐待防止法とは?

時折、障害のある人に対する虐待事件がニュースになります。そうした事件を防止するため、2012年10月に施行されたのが障害者虐待防止法です。

障害者虐待の防止や早期発見、虐待を受けた障害者の保護などを目的とした法律で、障害者基本法が定める身体障害、知的障害、精神障害（発達障害を含む）のある人を主な対象としています。

この法律で定められている虐待の種類としては、身体的虐待、性的虐待、心理的虐待、ネグレクト（放置）、経済的虐待があります。虐待というと「暴力」のイメージが強いですが、言葉や長時間放置することによるものも虐待とみなされます。

障害者虐待防止法で定められていること

障害者虐待防止法では、どのような人も障害のある人に対して虐待をしてはならないということに加え、国や地方自治体の責務について明記されています。

さらに虐待の早期発見と通報の義務化を定めています。通報などがあったときに備え、市町村では障害者虐待防止センターを、都道府県では障害者権利擁護センターを通報先として設置しています。

このように障害者虐待防止法が制定された意義は大きいです。ただし法律が施行されたからといって、すぐに虐待が減少するわけではありません。障害のある人に対する虐待が存在する状況を知り、そのための対策を継続的に考えていくことがなにより大切です。

障害者への虐待行為

	名称	定義	例
1	身体的虐待	障害のある人の身体に外傷が生じ、もしくは生じるおそれのある暴行を加え、または正当な理由なく障害のある人の身体を拘束すること	・平手打ちにする ・殴る、蹴る、つねる ・縛り付ける ・飲食物を無理やり口に入れる　など
2	性的虐待	障害のある人にわいせつな行為をすること、または障害のある人にわいせつな行為をさせること	・性的な行為や接触を強要する ・障害者の前でわいせつな会話をする ・わいせつな映像を見せる　など
3	心理的虐待	障害のある人に対する著しい暴言、著しく拒絶的な対応、著しい心理的外傷を与える言動を行うこと	・怒鳴る ・ののしる ・悪口を言う ・無視をする　など
4	ネグレクト	障害のある人を衰弱させるような著しい減食、長時間の放置、①～③のような行為の放置など、養護を著しく怠ること	・食事や水分を与えない ・入浴や着替えをさせない ・排泄の介助をしない ・掃除をしない　など
5	経済的虐待	障害のある人の財産を不当に処分すること、そのほか障害者から不当に財産上の利益を得ること	・日常生活に必要な金銭を渡さない ・年金や賃金を渡さない ・本人の同意なしに財産や預貯金を処分・運用する　など

虐待を発見したり、受けたりしたときの対応

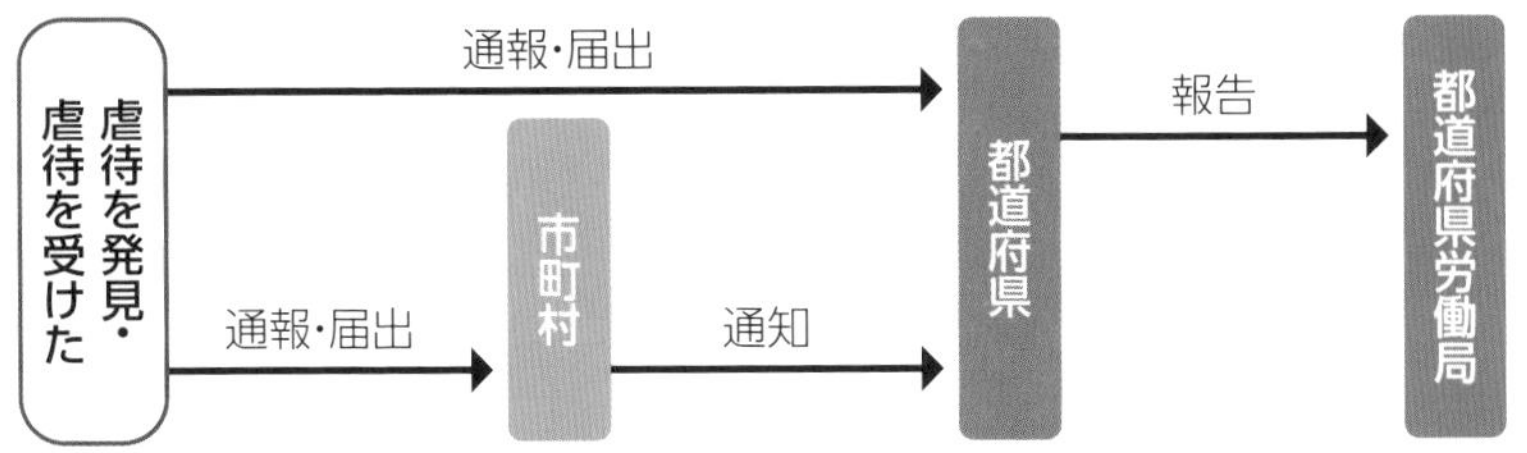

Part4

5 身体障害者福祉法

身体障害者の福祉の増進のためにさまざまな規定がなされています

◉戦後まもなく制定された

身体障害のある人にまつわる福祉に関しては、障害者総合支援法だけではなく、身体障害者福祉法にも重要な規定がなされています。

この法律は「福祉六法」のひとつとして、１９４９年に制定されました。当時は第二次世界大戦後まもない時期だったこともあり、身体に障害を抱える人たちの職業的自立を視野に入れた「更生への努力」が謳（うた）われていることなどが特徴的でした。

その後、ノーマライゼーションに代表されるような障害福祉の考え方が浸透するなかで何度かの改正がなされ、現在では「自立と社会経済活動への参加」を法の目的とするようになっています。

◉身体障害者福祉法での取り組み

身体障害者福祉法では、基本的には身体障害者手帳の交付を受けた18歳以上の人を身体障害者と定義しており、18歳未満の身体障害児への支援は、主に児童福祉法で対応することになっています。身体障害者手帳制度について規定しているのも身体障害者福祉法です。

また、この法律で規定されていることとして、身体障害者支援の基幹施設となる身体障害者更生相談所が挙げられます。ここでは専門的な知識や技術を要する身体障害に関する福祉に対応したり、市町村を指導したりしています。ほかに身体障害者社会参加施設として、身体障害者福祉センターや補装具製作施設、盲導犬訓練施設などを定めています。

身体障害者福祉法とは?

身体障害者福祉法

1949年に制定された法律で、
身体障害者の自立と社会経済への参加促進
のための活動を規定している

身体障害者の定義
主に身体障害者手帳の交付を受けた18歳以上の者

身体障害者手帳制度
規定にもとづき、身体上の障害のある方に交付する

各都道府県への要請
身体障害者更生相談所の設置。福祉事務所の身体障害者福祉司の配置

身体障害者の社会参加施策
身体障害者福祉センター、補装具製作施設、盲導犬訓練施設などの設置

対象となる障害

障害区分	障害等級
視覚障害	1〜6級
聴覚障害	2〜4・6級
平衡機能障害	3・5級
音声・言語・そしゃく機能の障害	3・4級
肢体不自由	1〜7級
心臓・腎臓・呼吸器・膀胱または直腸・小腸の機能の障害	1・3・4級
ヒト免疫不全ウィルスによる免疫機能、肝臓の機能の障害	1〜4級

身体障害者手帳の交付

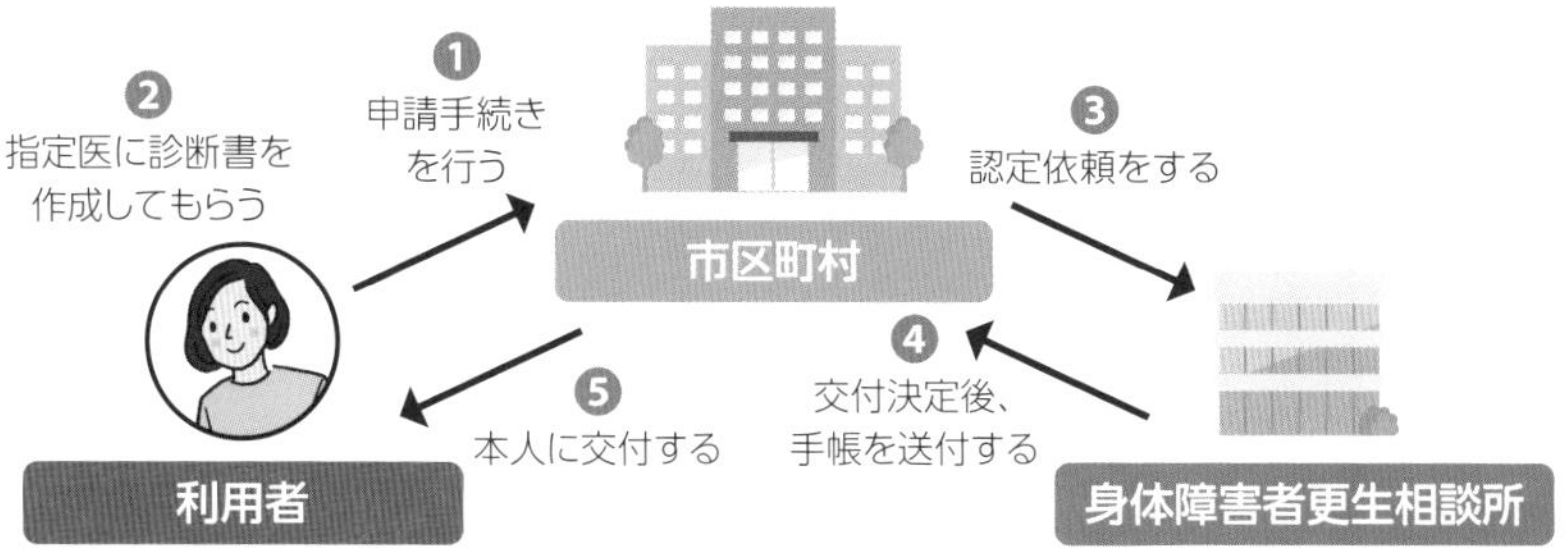
❶ 申請手続きを行う
❷ 指定医に診断書を作成してもらう
❸ 認定依頼をする
❹ 交付決定後、手帳を送付する
❺ 本人に交付する
市区町村
利用者
身体障害者更生相談所

Part4

6 知的障害者福祉法

かつては精神薄弱者福祉法といい、批判を受けて名称が変更されました

「精神薄弱」への批判

知的障害のある人を対象として、日本ではじめて整備されたのは、１９６０年制定の精神薄弱者福祉法（現・知的障害者福祉法）でした。１９４７年に制定された児童福祉法では、精神薄弱児（現在の知的障害児）が対象に含まれていましたが、知的障害のある18歳以上の人に対応する法整備が遅れていたため、18歳以上を対象にした精神薄弱者福祉法が制定されました。

その後、ノーマライゼーションの考え方が広まり、在宅福祉サービスが拡充していくなか、「精神薄弱」という呼称は差別的であるとの批判がなされます。その結果、１９９８年に現在の知的障害者福祉法へと名称が変更されたのです。

明確な定義がなされていない

知的障害者福祉法は、原則18歳以上の知的障害のある人を対象としています。ただし、知的障害者の明確な定義がなされていません。厚生労働省の調査では、「知的機能の障害が発達期（おおむね18歳まで）にあらわれ、日常生活に支障が生じているため、何らかの特別の援助を必要とする状態にあるもの」としていますが、別の調査や制度では定義が違うこともあります。

手帳制度についても記載されておらず、厚生事務次官通知を根拠に療育手帳がつくられています。

知的障害のある人のための施設としては、知的障害者更生相談所が設置されており、専門的な知識や技術を必要とする相談業務や判定業務などを行っています。

知的障害者福祉法とは?

知的障害者福祉法

知的障害のある人の福祉をはかるため、1960年に制定された法律。
「精神薄弱者福祉法」という名称から1998年に変更された

知的障害者の定義	障害者手帳制度	独自施設の設置
定義されていない	記載されていない	知的障害者更生相談所が設置されている

療育手帳制度

知的障害者福祉法に基づくものではないが、取得すると各種サービスを受けることができる。厚生事務次官通知を根拠につくられているため、自治体ごとに名称や基準が異なる

知的障害者更生相談所の役割

知的障害のある18歳以上の人の医学的、心理学的及び職能的判定などを行う

- 18歳以上の障害の認定
- 障害の程度を判定する
- 療育手帳を交付する
- 各種手当の認定を行う
- 知的障害者福祉司を置かなければならない

療育手帳の交付手続き(例)

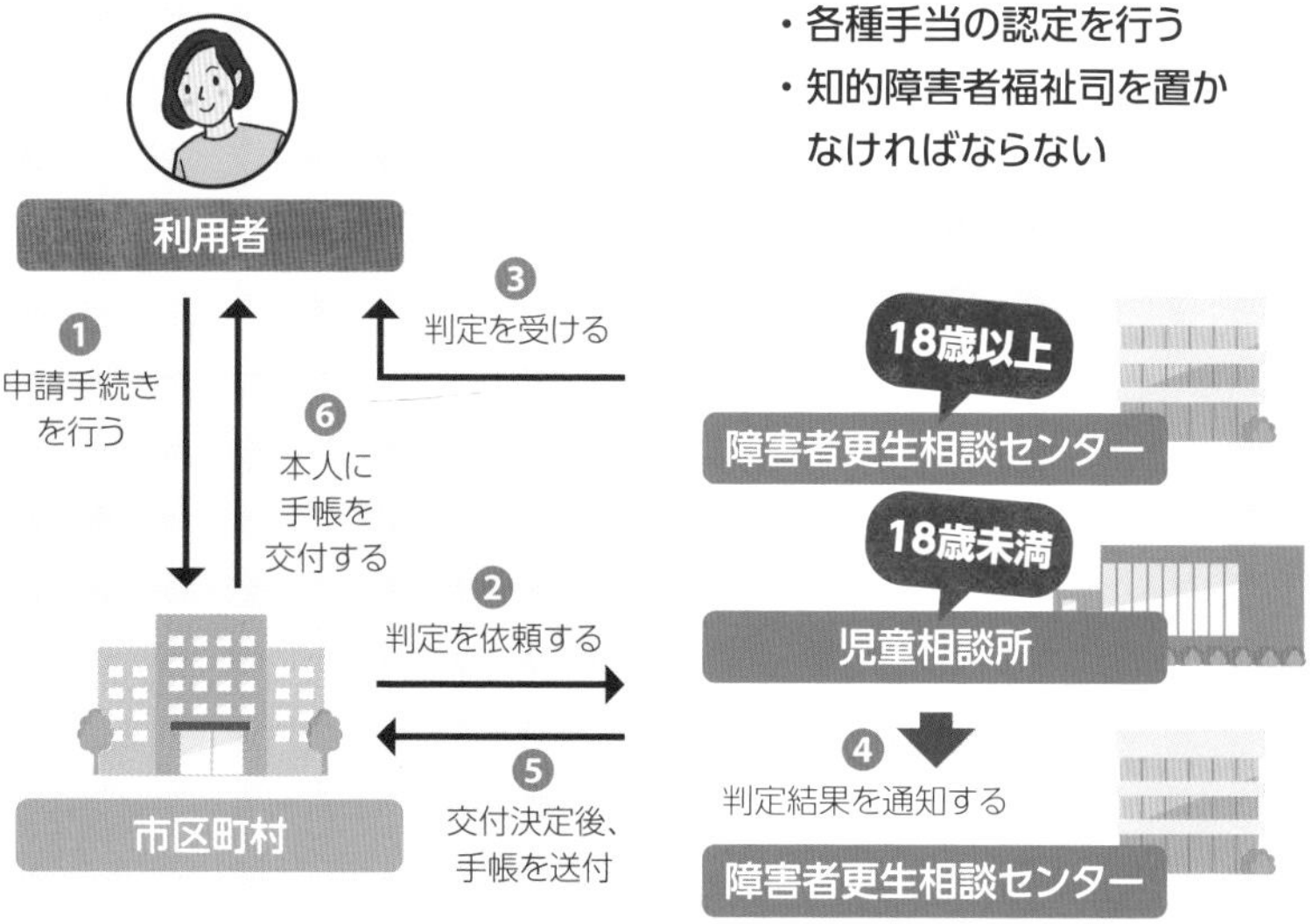
利用者
❶ 申請手続きを行う
❷ 判定を依頼する
❸ 判定を受ける
❹ 判定結果を通知する
❺ 交付決定後、手帳を送付
❻ 本人に手帳を交付する
市区町村
18歳以上
障害者更生相談センター
18歳未満
児童相談所
障害者更生相談センター

Part4

7 精神保健福祉法

精神障害者をはじめ、
国民全体を
対象とする点が特徴です

◉精神障害者支援の基本法

精神保健福祉法は、精神障害のある人の福祉と医療について規定している法律です。

わが国では、明治後半の１９００年に精神病者監護（かんご）法という精神障害のある人に対する最初の法律がつくられました。しかし、これは精神障害のある人を私宅などに監置できることを定めた法律で、福祉的な支援策は含まれておらず、十分な医療を受けることができませんでした。福祉の内容がはじめて盛り込まれたのは１９８７年の精神保健法で、社会復帰を目指す施設が法制化されました。それが１９９５年に精神保健福祉法に改正され、現在に至ります。

精神保健福祉法では、精神障害者を「統合失調症、精神作用物質による急性中毒又はその依存症、知的障害、精神病質その他の精神疾患を有する者」とし、精神障害者保健福祉手帳制度、精神保健福祉センター、精神科の入院形態と手続き、精神医療審査会などについて規定しています。

◉福祉と医療がセットになっている

精神保健福祉法は精神障害のある人の福祉だけでなく、精神科医療についても規定している点が大きな特徴です。さらに精神障害のある人に加えて、広く国民全体を対象としています。

精神疾患は、患者が自分の病気について自覚しにくく、患者の社会生活に影響を及ぼします。そのため、福祉と医療を一緒に扱っているのです。

精神保健福祉法の変遷

1900(明治33)年 **精神病者監護法制定**	精神医療を十分に受けられず、家族の負担が大きい
1919(大正8)年 **精神病院法制定**	道府県が精神病院を設置できるとするも、ほとんどできず
1950(昭和25)年 **精神衛生法制定**	精神障害のある人の私宅監置を禁止する
1987(昭和62)年 **精神保健法制定**	精神障害のある人の人権を擁護し、社会復帰を促進する
1995(平成7)年 **精神保健福祉法制定**	障害者として認知し、 精神障害者保健福祉手帳制度などを規定する
1999(平成11)年 **精神保健福祉法改訂**	精神障害のある人の人権に配慮しつつ、 適正な医療・保護を確保。精神医療審査会の強化をはかる
2013(平成25)年 **精神保健福祉法改訂**	精神障害のある人に治療を受けさせる保護者の義務を削除
2022年(令和4)年 **精神保健福祉法改訂**	精神障害のある人の人権尊重の強化と、 地域移行への促進について自治体の役割などの強化をはかる

精神保健福祉法の特徴

精神保健福祉法

医療

精神保健指定医
措置入院、緊急措置入院、医療保護入院といった入院時の判定の役割を担う

入院形態
精神科入院の際の形態と手続き

精神医療審査会
精神科病院入院患者の処遇を審査する

社会復帰促進センター
社会復帰に向けた調査・研究・開発を行う

福祉

精神保健福祉センター
精神保健福祉活動の中核的機関

精神障害者保健福祉手帳
手帳の取得率はほかの障害に比べて低い

福祉だけではなく、医療についても規定されている

*対象者に関しても、精神障害のある人に限らず、広く国民を対象としている

Part4

8 発達障害者支援法

発達障害に対する
支援体制を整備・
促進するための法律です

●発達障害を定義した法律

２００４年12月に公布された発達障害者支援法は、発達障害のある人に対する支援体制の確立を目的としてつくられた法律です。

それまで発達障害は学校教育の場などで課題になることがあっても、当時の法律では障害としてみなされず、支援が届きにくい状況に置かれていました。そうしたなか、この法律が施行されたことにより、発達障害の定義が確立され、発達障害をさまざまな法制度に位置づけられるようになったのです。

発達障害者支援法では、発達障害について「自閉症、アスペルガー症候群その他の広汎性発達障害、学習障害、注意欠陥多動性障害その他これに類する脳機能の障害であってその症状が通常低年齢において発現するものとして政令で定めるもの」と定義しています。そして発達障害の早期発見、支援に関する国や地方公共団体の責務、発達障害のある人の自立や社会参加に資する支援などが定められています。

さらに、こうした施策の中核を担う発達障害者支援センターの設置・業務内容についても明文化しました。

●2016年の改正内容

２００４年の発達障害者支援法公布以降、発達障害に対する社会の理解は広がり、発達障害のある人に対する支援は着実に進展してきました。しかし一方で、乳幼児期から高齢期までの切れ目のない支援、家族を含めたきめ細かい支援が求められるようになりました。

発達障害者支援法の歴史

〜2004年

発達障害は制度の谷間に置かれ、発達障害のある人への支援は知的障害者福祉法や精神保健福祉法などで対応されていた

2004年

発達障害者支援法が制定される。発達障害の定義がなされ、発達障害のある人への支援体制が整えられる

発達障害の定義

自閉症、アスペルガー症候群その他の広汎性発達障害、学習障害、注意欠陥多動性障害その他これに類する脳機能の障害であってその症状が通常低年齢において発現するものとして政令で定めるもの

▼

2016年の改正

発達障害がある者であって発達障害及び社会的障壁により日常生活又は社会生活に制限をうけるもの

2010〜13年

障害者基本法、障害者総合支援法、児童福祉法、障害者雇用促進法などで、発達障害の位置づけがなされる

2016年

発達障害者支援法が改正される

改正発達障害者支援法のポイント

1. ライフステージを通じた切れ目のない支援
2. 家族なども含めたきめ細かな支援
3. 地域の身近な場所で受けることができる支援

そこで2016年、発達障害者支援のさらなる充実をはかるため、発達障害者支援法が一部改正されます。

改正により、発達障害者の定義が「発達障害がある者であって発達障害及び社会的障壁により日常生活又は社会生活に制限を受けるもの」とされ、「発達障害者への支援は社会的障壁を除去するためにおこなう」という基本理念が追加されました。

また発達障害の支援は社会の責任であることがより具体的に明記されたことにより、発達障害のある人が支援や配慮を受けやすい環境づくりが進みました。

●発達障害者支援センターの役割

発達障害者支援法で規定された内容のうち、極めて重要なのが発達障害者支援センターです。

発達障害者支援センターは、発達障害のある人への支援を総合的に行う機関です。具体的には、関係機関と連携をとりながら、発達障害児・者とその家族、関係者などに対し、発達障害に関する相談や情報提供、助言をしたり、発達支援、就労支援を行ったり、研修を開催したりします。地域支援体制を構築するため、各自治体で協議会の場なども設けます。また、発達障害者支援法により、すべての都道府県と政令指定都市に設置することが定められ、2023年4月時点で98ヶ所のセンターが存在します。

発達障害者支援センターには専任スタッフ3人と社会福祉士の配置が規定されています。そのほか医師、精神保健福祉士、公認心理師、臨床心理士、臨床発達心理士、言語聴覚士といった専門職を設置しているところもあります。近年では、市町村や関係機関のバックアップを重点的に行うことが求められているため、発達障害者地域支援マネージャーと呼ばれる役割に特化した人員を配置しているセンターも増えています。

●発達障害者支援センターの支援内容

発達障害者支援センターの支援内容は、大きく直接支援と間接支援とに分けられます。

直接支援は、電話相談や来所相談の形で対象者本人や家族、関係者からの相談に無料で応えます。関係機

発達障害者支援センターの位置づけ

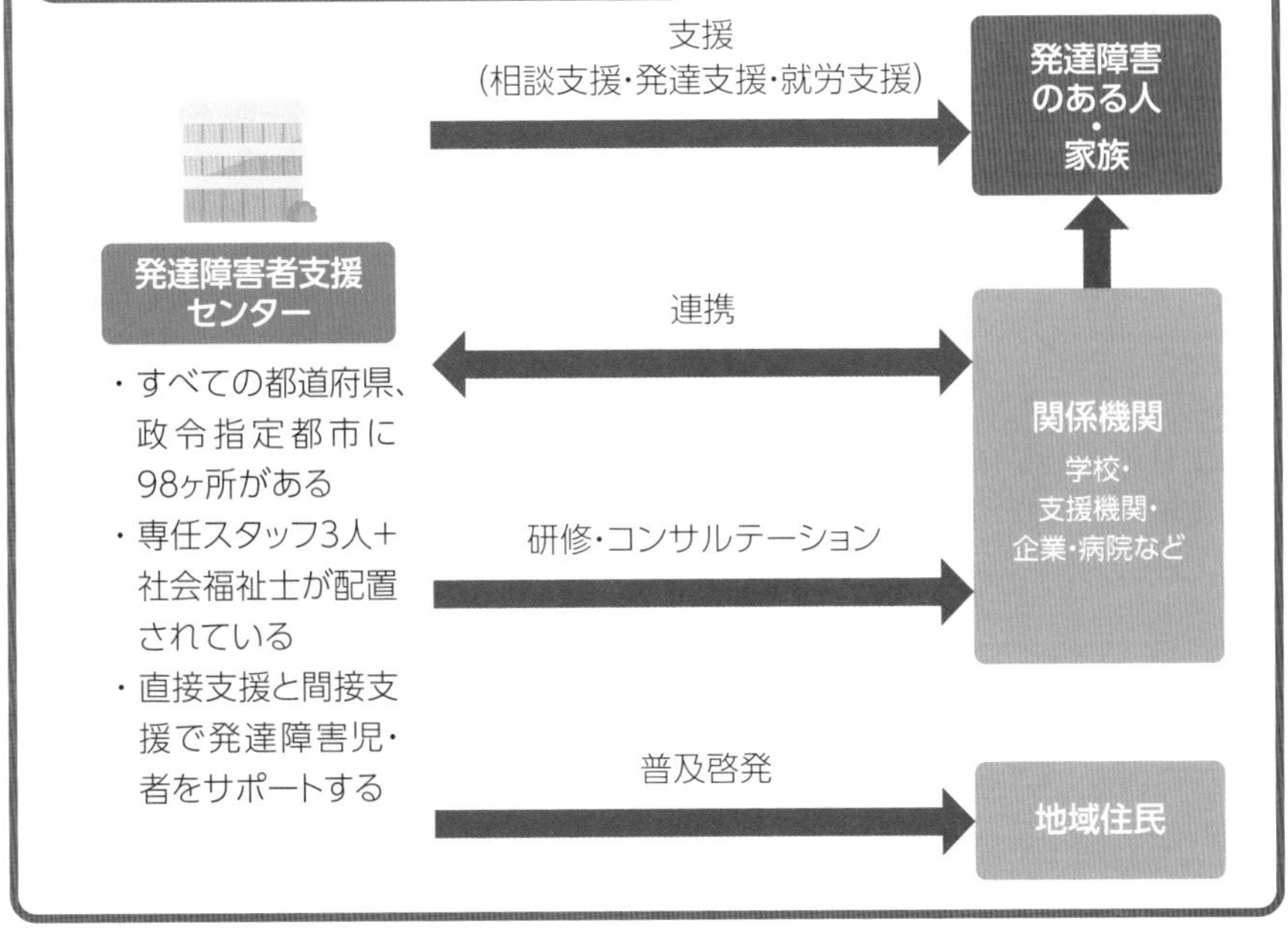
発達障害者支援センター
・すべての都道府県、政令指定都市に98ヶ所がある
・専任スタッフ3人＋社会福祉士が配置されている
・直接支援と間接支援で発達障害児・者をサポートする
支援
（相談支援・発達支援・就労支援）
連携
研修・コンサルテーション
普及啓発
発達障害のある人・家族
関係機関
学校・支援機関・企業・病院など
地域住民

関の制度についての情報提供、幼児期の発達に関する事柄や学齢期の進路、就労や成人期の生活における事柄、発達障害が疑われる未診断事例、重度の知的障害をともなう行動障害の事例などに対応してもらえます。

一方、間接支援は機関コンサルテーションに加え、国が予算化しているペアレント・メンターの事業があります。ペアレント・メンターとは、発達障害のある子どもの子育てを経験し、相談支援に関する一定のトレーニングを受けた親のことで、自分と同じような発達障害のある子どもをもつ親に対して共感的なサポートをしたり、情報提供を行ったりします。

これら直接支援・間接支援のほか、保護者が発達障害のある子どもへの対応について学ぶプログラム（ペアレント・トレーニング、ペアレント・プログラム）を実施したり、対人関係や社会生活を営むために必要な技能を学ぶソーシャルスキル・トレーニング、コンサルテーションの研修を行ったりと、センターそれぞれが地域の状況を踏まえつつ、必要と考えられる内容を実施しています。

Part4

9 生活保護法

生活の困窮により、とても困っているときにサポートを受けることができます

◉困窮している人は誰でも申請可能

事故で障害を負ってしまい、仕事に就けない。病気の影響で就業時間が限られるため、収入が少ない。リストラで失業し、再就職先がなかなか見つからず、生活費が足りない――。

そういった事情で生活に困っている人のために実施されるのが生活保護です。

日本国憲法第25条では、国民の生存権を保障しています。それに基づき、生活保護は健康で文化的な最低限度の生活を保障するため、経済的に困窮する人に対して国が給付を行います。つまり、その人が社会で再び自立した生活を送ることができるよう支援することを目的とするものです。

生活保護は、生活に困窮する人は誰でも申請することができます。ただし、適用される要件に原理（考え方）と原則があり、生活保護法の第1条から第4条に生活保護制度の基本的原理が、第7条から第10条に運用の基本的な原則が示されています。

◉生活保護の基本的原理とは？

まず生活保護の基本的原理は、①国家責任、②無差別平等、③最低生活保護、④保護の補足性です。

①の国家責任の原理とは、生活に困窮する人の最低限度の生活保障を国が責任をもって行うということ。

②の無差別平等の原理とは、生活に困窮した原因や性別、社会的身分に関係なく、法律が定める要件を満たしていれば、誰でも差別されず平等に保護を受けるこ

生活保護受給の条件

1 資産がない

土地や建物、高級車、預貯金、生命保険など、売却・解約しても生活費にできる資産をもっていない

2 働けない

病気や怪我などが原因で、働くことができない

3 親族などの支援を受けられない

家族や親戚など、援助してくれそうな人がいない

4 公的な支援金だけでは不十分

年金や手当など、該当する公的制度を利用しても、それだけでは生活費が足りない

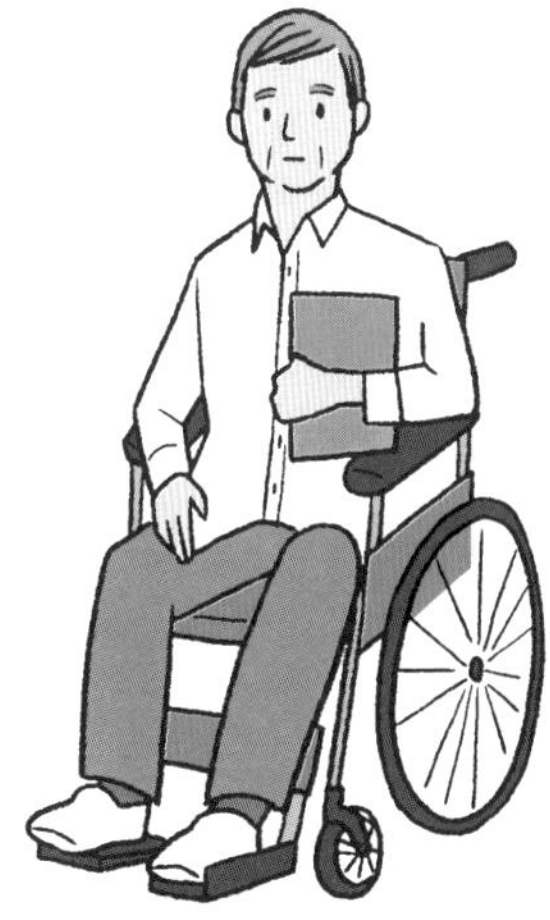

4つの条件を満たし、世帯収入が最低生活費に満たない場合、生活保護を受給できる

とができるということ。③の最低生活保護の原理とは、保障されるべき生活水準は、健康で文化的な生活を営むことができる水準であるということ。④の保護の補足性の原理とは、利用可能な資産の有無や働く能力の確認、そのほかのあらゆる手段を活用し、それでもなお生活を営むことが困難である場合に限り不足分を補うということ。これら４つが生活保護の基本的な考え方となっています。

●生活保護の基本原則とは？

次に生活保護の基本原則は、①申請保護、②基準及び程度、③必要即応、④世帯単位です

①の申請保護の原則とは、保護を必要とする人自らの申請に基づき、保護を請求する権利が保障されているということ。②の基準及び程度の原則とは、具体的な金額で「健康で文化的な最低限度の生活水準」を示す生活保護基準を設定し、保護を必要とする人の実際の収入との差額を埋めるということ。③の必要即応の原則とは、保護を必要とする個々人の実情に即して給

付内容を決めるということ。④の世帯単位の原則とは、保護の要否や程度を世帯単位として判定するということ。これら4つが生活保護を実施する際に守られるべき原則となっています。

●生活保護の8つの扶助

では、生活保護を受給した場合、どのような扶助（ふじょ）がなされるのかというと、次の8つがあります。

・生活扶助……衣食や光熱水費などの基本的な生活費に対する扶助で、「基準生活費」と「加算」の2つの項目から構成される。
・教育扶助……生活保護の受給世帯の児童に対し、義務教育期間の教育にかかる費用を金銭給付する。
・住宅扶助……生活保護の受給世帯が住む住居の費用を金銭給付する。
・医療扶助……怪我や病気の治療に必要な医療費の給付である。
・介護扶助……保護を必要とする人が要介護者である場合、介護保険給付の自己負担分が給付される。
・出産扶助……出産に必要な費用が金銭給付される。
・生業（せいぎょう）扶助……保護を必要とする人が自立を目的に働くために必要な費用を金銭給付する。
・葬祭（そうさい）扶助……生活保護を受給していた人が死亡した場合、葬祭や埋葬にかかる費用が、葬祭を行う人に金銭給付される。

医療扶助と介護扶助は、医療や介護などのサービスが直接支給される「現物給付」の形になりますが残りの扶助は原則、現金が支給される「金銭給付」の形ます。出産扶助、生業扶助、葬祭扶助の3つは必要のあるときに臨時に行われます。

最近では新型コロナウイルスの感染拡大の影響などで雇用が不安定になり、経済的に困窮する人が増えました。そうした状況に陥っても、生活保護を受給することによって生活を安定させることができるのです。

8つの扶助

生活扶助
衣食や光熱水費などの生活費が給付される

介護扶助
介護保険給付の自己負担分が給付される

住宅扶助
住居の費用が給付される

出産扶助
出産に必要な費用が給付される

教育扶助
学用品などの義務教育に必要な費用が給付される

生業扶助
自立目的で働くために必要な費用が給付される

医療扶助
怪我や病気の治療に必要な費用が給付される

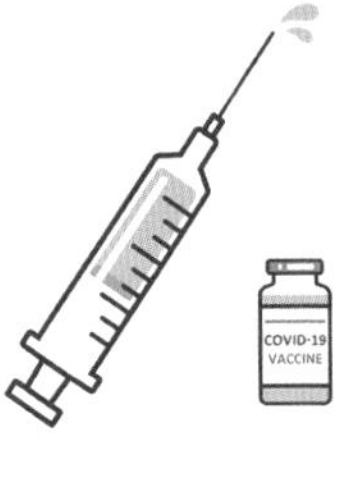

葬祭扶助
葬祭や埋葬にかかる費用が給付される

Part4

10 障害年金

怪我や病気で生活に支障が出た場合、年金をもらうことができます

◉障害基礎年金と障害厚生年金

障害年金とは、怪我や病気によって生活や仕事に支障が出た場合に支給される年金のことをいいます。障害基礎年金と障害厚生年金の2つがあり、どちらに該当するかは個人の状況によって異なります。

医療機関での初診日に国民年金に加入していた人が受給できるのが障害基礎年金です。20歳未満（国民年金加入前）、もしくは60歳以上65歳未満（年金制度に未加入で日本に住んでいる間）に障害が生じ、その状態が続いている人にも給付されます。障害年金の障害等級は重いほうから1級、2級、3級に区分されますが、障害基礎年金は1級と2級だけになっています。

一方、初診日に厚生年金または共済年金に加入していた人が受給できるのが障害厚生年金で、障害基礎年金に上乗せする形で給付されます。障害厚生年金の等級は1級から3級まであります。

障害年金は、障害者手帳を取得していなくても、障害年金の受給条件に該当すれば支給されます。

また、障害年金の認定には永久認定と有期認定があります。永久認定は、本人が死亡するまで受給することができ、病態が変わらないと判断されることで認定されます。

一方、有期認定は一定期間ごとに診断書などの書類を提出し、受給の対象となる病態であることを証明するなどの手続きが必要となります。

◉現状にあった診断書を作成する

障害年金のしくみ

重い ← 障害の程度 → 軽い

	1級	2級	3級	
厚生年金保険（2階部分）	障害厚生年金（1級）	障害厚生年金（2級）	障害厚生年金（3級）	障害手当金（一時金）
	配偶者の加給年金	配偶者の加給年金	※最低保障額は583,400円	※最低保障額は1,166,800円
国民年金保険（1階部分）	障害基礎年金（1級）972,250円	障害基礎年金（2級）777,800円		
	子の加算（第1・2子）各223,800円	子の加算（第1・2子）各223,800円		

※金額は令和4年4月現在

障害年金の受給金額は障害等級によって異なるため、自分が何級に該当するかはもっとも気になるところです。就労に関しては、次のように規定されています。たとえば障害等級表にある「労働が制限を受けるか、又は労働に制限を加えることを必要とする程度の障害を有する」という状態ならば、障害厚生年金３級に該当します。「労働の制限」とは、体調を考慮して時短勤務で働く、もしくは休職中である、障害者雇用で働いているといった状況を指します。つまり、働きながらでも受給できる可能性があることを示しています。また、障害基礎年金もしくは障害厚生年金２級の人が就労した場合、「日常生活に著しい制限がある」に該当しないとみなされ、受給できない可能性もあります。

等級判定は診断書の記載内容をもとに判断がなされるため、年金更新時に主治医と生活状況などについてよく話し合い、現状にあった診断書を作成してもらいましょう。

手続き全般が心配な場合は、社会保険労務士のような専門職に相談をするのもおすすめです。

出所：厚生労働省年金局事業管理課「障害年金の診断書（精神の障害用）記載要領」
https://www.mhlw.go.jp/file/04-Houdouhappyou-12512000-Nenkinkyoku-Jigyoukanrika/0000130048.pdf

ウ　**日常生活状況**

1　家庭及び社会生活についての具体的な状況

（ア）現在の生活環境（該当するもの一つを○で囲んでください。）
入院　・　入所　・　（在宅）　・　その他（　　　　）
（施設名　　　　）
同居者の有無　（（有）　・　無　）

（イ）全般的状況（家族及び家族以外の者との対人関係についても具体的に記入してください。）
［　交流があるのは家族のみ　］

2　**日常生活能力の判定（該当するものにチェックしてください。）**
（判断にあたっては、単身で生活するとしたら可能かどうかで判断してください。）

（1）**適切な食事**－配膳などの準備も含めて適当量をバランスよく摂ることがほぼできるなど。
☐できる　☐自発的にできるが時には助言や指導を必要とする　☑自発的かつ適正に行うことはできないが助言や指導があればできる　☐助言や指導をしてもできない若しくは行わない

（2）**身辺の清潔保持**－洗面、洗髪、入浴等の身体の衛生保持や着替え等ができる。また、自室の清掃や片付けができるなど。
☐できる　☐自発的にできるが時には助言や指導を必要とする　☑自発的かつ適正に行うことはできないが助言や指導があればできる　☐助言や指導をしてもできない若しくは行わない

（3）**金銭管理と買い物**－金銭を独力で適切に管理し、やりくりがほぼできる。また、一人で買い物が可能であり、計画的な買い物がほぼできるなど。
☐できる　☑おおむねできるが時には助言や指導を必要とする　☐助言や指導があればできる　☐助言や指導をしてもできない若しくは行わない

（4）**通院と服薬（（要）・不要）**－規則的に通院や服薬を行い、病状等を主治医に伝えることができるなど。
☐できる　☐おおむねできるが時には助言や指導を必要とする　☐助言や指導があればできる　☐助言や指導をしてもできない若しくは行わない

（5）**他人との意思伝達及び対人関係**－他人の話を聞く、自分の意思を相手に伝える、集団的行動が行えるなど。
☐できる　☐おおむねできるが時には助言や指導を必要とする　☑助言や指導があればできる　☐助言や指導をしてもできない若しくは行わない

（6）**身辺の安全保持及び危機対応**－事故等の危険から身を守る能力がある、通常と異なる事態となった時に他人に援助を求めるなどを含めて、適正に対応することができるなど。
☐できる　☐おおむねできるが時には助言や指導を必要とする　☑助言や指導があればできる　☐助言や指導をしてもできない若しくは行わない

（7）**社会性**－銀行での金銭の出し入れや公共施設等の利用が一人で可能。また、社会生活に必要な手続きが行えるなど。
☐できる　☑おおむねできるが時には助言や指導を必要とする　☐助言や指導があればできる　☐助言や指導をしてもできない若しくは行わない

3　**日常生活能力の程度（該当するもの一つを○で囲んでください。）**
※日常生活能力の程度を記載する際には、状態をもっとも適切に記載できる（精神障害）又は（知的障害）のどちらかを使用してください。

（精神障害）

（1）精神障害（病的体験・残遺症状・認知障害・性格変化等）を認めるが、社会生活は普通にできる。

（2）精神障害を認め、家庭内での日常生活は普通にできるが、社会生活には、援助が必要である。
（たとえば、日常的な家事をこなすことはできるが、状況や手順が変化したりすると困難を生じることがある。社会行動や自発的な行動が適切に出来ないこともある。金銭管理はおおむねできる場合など。）

（3）精神障害を認め、家庭内での単純な日常生活はできるが、時に応じて援助が必要である。
（たとえば、習慣化した外出はできるが、家事をこなすために助言や指導を必要とする。社会的な対人交流は乏しく、自発的な行動に困難がある。金銭管理が困難な場合など。）

（4）精神障害を認め、日常生活における身のまわりのことも、多くの援助が必要である。
（たとえば、著しく適正を欠く行動が見受けられる。自発的な発言が少ない、あっても発言内容が不適切であったり不明瞭であったりする。金銭管理ができない場合など。）

（5）精神障害を認め、身のまわりのこともほとんどできないため、常時の援助が必要である。
（たとえば、家庭内生活においても、食事や身のまわりのことを自発的にすることができない。また、在宅の場合に通院等の外出には、付き添いが必要な場合など。）

（知的障害）

（1）知的障害を認めるが、社会生活は普通にできる。

（2）知的障害を認め、家庭内での日常生活は普通にできるが、社会生活には、援助が必要である。
（たとえば、簡単な漢字は読み書きができ、会話も意思の疎通が可能であるが、抽象的なことは難しい。身辺生活も一人でできる程度）

（3）知的障害を認め、家庭内での単純な日常生活はできるが、時に応じて援助が必要である。
（たとえば、ごく簡単な読み書きや計算はでき、助言などがあれば作業は可能である。具体的指示であれば理解ができ、身辺生活についてもおおむね一人でできる程度）

（4）知的障害を認め、日常生活における身のまわりのことも、多くの援助が必要である。
（たとえば、簡単な文字や数字は理解でき、保護的環境であれば単純作業は可能である。習慣化していることであれば言葉での指示を理解し、身辺生活についても部分的にできる程度）

（5）知的障害を認め、身のまわりのこともほとんどできないため、常時の援助が必要である。
（たとえば、文字や数の理解力がほとんど無く、簡単な手伝いもできない。言葉による意思の疎通がほとんど不可能であり、身辺生活の処理も一人ではできない程度）

エ　現症時の就労状況
○勤務先　・一般企業　・就労支援施設　・その他（　　　）
○雇用体系　・障害者雇用　・一般雇用　・自営　・その他（　　　）
○勤続年数（　年　ヶ月）　○仕事の頻度（週に・月に（　　）日）
○ひと月の給与（　　　円程度）
○仕事の内容
○仕事場での援助の状況や意思疎通の状況

就労している場合は、医師に就労状況を伝える

オ　身体所見（神経学的な所見を含む。）
特になし

カ　臨床検査（心理テスト・認知検査、知能障害の場合は、知能指数、精神年齢を含む。）
実施していない

キ　福祉サービスの利用状況（障害者総合支援法に規定する自立訓練、共同生活援助、居宅介護、その他障害福祉サービス等）
利用できていない

⑪ **現症時の日常生活活動能力及び労働能力**（必ず記入してください。）	作業所レベルでの就労は可能と思われるが、一般就労は難しい。
⑫ **予　後**（必ず記入してください。）	抑うつ、意欲減退は軽減する可能性があるが、適応不良状態は続くと思われる。
⑬ 備　考	

上記のとおり、診断します。　令和5 年　6月　30 日
病院又は診療所の名称　○○病院　　診療担当科名　精神科
所　在　地　○○○○○○○○　　医師氏名　○○○○

診断書のチェックポイント（精神障害の場合）

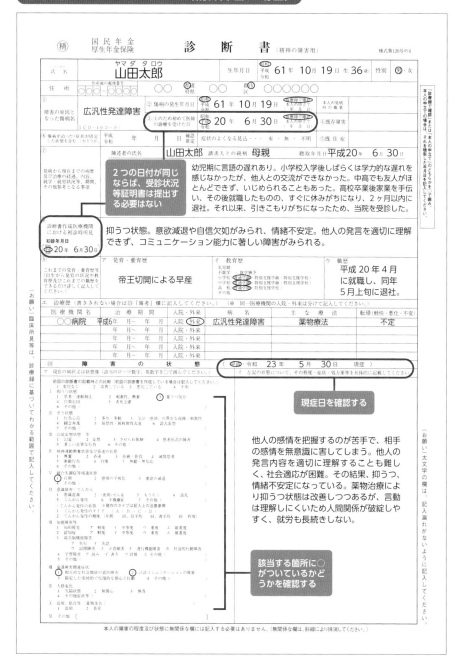

㊕ 国民年金 厚生年金保険 **診断書**（精神の障害用） 様式第120号の4

氏名	ヤマダ タロウ 山田太郎	生年月日	昭和 61年 10月 19日生（36歳） 性別 男・女
住所	住所地の郵便番号 ○○○-○○○○		○○ 都道府県 ○○ 郡市区 ○○○○○○

① 障害の原因となった傷病名	広汎性発達障害 ICD-10コード（ ）	② 傷病の発生年月日 昭和 61年 10月 19日 診療録で確認 本人の申立て（ 年 月 日） 本人の発病時の職業
		③ ①のため初めて医師の診療を受けた日 平成 20年 6月 30日 診療録で確認 本人の申立て（ 年 月 日） ④既存障害
⑥ 傷病が治った（症状が固定した状態を含む。）かどうか。	平成・令和 年 月 日 確認・推定	症状のよくなる見込・・・ 有・無・不明 ⑤既往症

⑦ 発病から現在までの病歴及び治療の経過、内容、就学・就労状況等、期間、その他参考となる事項

陳述者の氏名 山田太郎 請求人との続柄 母親 聴取年月日 平成20年 6月 30日

幼児期に言語の遅れあり。小学校入学後しばらくは学力的な遅れを感じなかったが、他人との交流ができなかった。中高でも友人がほとんどできず、いじめられることもあった。高校卒業後家業を手伝い、その後就職したものの、すぐに休みがちになり、2ヶ月以内に退社。それ以来、引きこもりがちになったため、当院を受診した。

2つの日付が同じならば、受診状況等証明書は提出する必要はない

⑧ 診断書作成医療機関における初診時所見 初診年月日（平成 20年 6月30日）

抑うつ状態。意欲減退や自信欠如がみられ、情緒不安定。他人の発言を適切に理解できず、コミュニケーション能力に著しい障害がみられる。

⑨ これまでの発育・養育歴等（出生から発育の状況や教育歴及びこれまでの職歴をできるだけ詳しく記入してください。）

ア 発育・養育歴	イ 教育歴	ウ 職歴
帝王切開による早産	乳児期 不就学 ・就学猶予 小学校（普通学級・特別支援学級・特別支援学校） 中学校（普通学級・特別支援学級・特別支援学校） 高 校（普通学級・特別支援学校） その他	平成20年4月に就職し、同年5月上旬に退社。

エ 治療歴（書ききれない場合は⑬「備考」欄に記入してください。）（※ 同一医療機関の入院・外来は分けて記入してください。）

医療機関名	治療期間	入院・外来	病名	主な療法	転帰（軽快・悪化・不変）
○○病院	平成6年 月～ 年 月	入院・外来	広汎性発達障害	薬物療法	不定
	年 月～ 年 月	入院・外来			
	年 月～ 年 月	入院・外来			
	年 月～ 年 月	入院・外来			
	年 月～ 年 月	入院・外来			

⑩ 障害の状態（平成・令和 23年 5月 30日 現症）

ア 現在の病状又は状態像（該当のローマ数字、英数字を○で囲んでください。）

前回の診断書の記載時との比較（前回の診断書を作成している場合は記入してください。）
1 変化なし 2 改善している 3 悪化している 4 不明

Ⅰ 抑うつ状態
1 思考・運動制止 2 刺激性、興奮 ③ 憂うつ気分
4 自殺企図 5 希死念慮
6 その他（ ）

Ⅱ そう状態
1 行為心迫 2 多弁・多動 3 気分（感情）の異常な高揚・刺激性
4 観念奔逸 5 易怒性・被刺激性亢進 6 誇大妄想
7 その他（ ）

Ⅲ 幻覚妄想状態 等
1 幻覚 2 妄想 3 させられ体験 4 思考形式の障害
5 著しい奇異な行為 6 その他（ ）

Ⅳ 精神運動興奮状態及び昏迷の状態
1 興奮 2 昏迷 3 拒絶・拒食 4 滅裂思考
5 衝動行為 6 自傷 7 無動・無反応
8 その他（ ）

Ⅴ 統合失調症等残遺状態
① 自閉 2 感情の平板化 3 意欲の減退
4 その他（ ）

Ⅵ 意識障害・てんかん
1 意識混濁 2 （夜間）せん妄 3 もうろう 4 錯乱
5 てんかん発作 6 不機嫌症 7 その他（ ）
・てんかん発作の状態 ※発作のタイプは記入上の注意参照
1 てんかん発作のタイプ （A・B・C・D）
2 てんかん発作の頻度（年間 回、月平均 回、週平均 回 程度）

Ⅶ 知能障害等
1 知的障害 ア 軽度 イ 中等度 ウ 重度 エ 最重度
2 認知症 ア 軽度 イ 中等度 ウ 重度 エ 最重度
3 高次脳機能障害
ア 失行 イ 失認
ウ 記憶障害 エ 注意障害 オ 遂行機能障害 カ 社会的行動障害
4 学習障害 ア 読み イ 書き ウ 計算 エ その他（ ）
5 その他（ ）

Ⅷ 発達障害関連症状
① 相互的な社会関係の質的障害 ② 言語コミュニケーションの障害
3 限定した常同的で反復的な関心と行動 4 その他（ ）

Ⅸ 人格変化
1 欠陥状態 2 無関心 3 無為
4 その他症状等（ ）

Ⅹ 乱用、依存等（薬物等名： ）
1 乱用 2 依存

Ⅺ その他〔 〕

イ 左記の状態について、その程度・症状・処方薬等を具体的に記載してください。

他人の感情を把握するのが苦手で、相手の感情を無意識に害してしまう。他人の発言内容を適切に理解することも難しく、社会適応が困難。その結果、抑うつ、情緒不安定になっている。薬物治療により抑うつ状態は改善しつつあるが、言動は理解しにくいため人間関係が破綻しやすく、就労も長続きしない。

現症日を確認する

該当する箇所に○がついているかどうかを確認する

「診療録で確認」または「本人の申立て」のどちらかを○で囲み、本人の申立ての場合は、それを聴取した年月日を記入してください。

（お願い）臨床所見等は、診療録に基づいてわかる範囲で記入してください。

（お願い）太文字の欄は、記入漏れがないように記入してください。

本人の障害の程度及び状態に無関係な欄には記入する必要はありません。（無関係な欄は、斜線により抹消してください。）

Part4

11 障害者手帳制度

障害ごとに3種類の障害者手帳があり、多様なサービスが提供されます

●各種サービスが提供される

障害のある人は、障害者手帳を取得することにより、さまざまなサービスを受けられます。サービスを受けることで生活の幅が広がり、より社会に参加しやすくなります。この制度を障害者手帳制度といいます。

障害者手帳制度のサービスとしては、所得税や住民税などの税制上の優遇、医療費負担の軽減、補装具購入費の助成または支給、公共交通機関など各種運賃や通行料の割引、郵便料金、ＮＨＫ受信料、公共施設入館料など一部公共料金の減免または無償化といったものを挙げることができますが、障害者手帳の種類や等級によって内容が異なるケースもあります。

障害者手帳の種類は、身体障害者手帳、療育手帳、精神障害者保健福祉手帳の３つです。

●3種類の障害者手帳

身体障害者手帳とは、身体障害者福祉法の規定に基づき、身体障害のある人に交付される手帳です。

療育手帳は、療育手帳制度に基づき、児童相談所または知的障害者更生相談所において知的障害があると判定された人に交付されます。自治体によって名称が異なり、東京都では「愛の手帳」と呼んでいます。

精神障害者保健福祉手帳とは、精神保健福祉法の規定に基づき、精神疾患により生活に支障がある人に交付される手帳です。

最近では従来の紙型の手帳のほか、健康保険証サイズのカード型の手帳もあって便利になりました。

3種類の障害者手帳

	身体障害者手帳	療育手帳	精神障害者保健福祉手帳
根拠	身体障害者福祉法(昭和24年法律第283号)	療育手帳制度について(昭和48年厚生事務次官通知) ※通知に基づき、各自治体において要綱を定めて運用する	精神保健及び精神障害者福祉に関する法律(昭和25年法律第123号)
交付主体	・都道府県知事 ・指定都市の市長 ・中核市の市長	・都道府県知事 ・指定都市の市長 ・児童相談所を設置する中核市の市長	・都道府県知事 ・指定都市の市長
障害の分類	・視覚障害 ・聴覚・平衡機能障害 ・音声・言語・そしゃく障害 ・肢体不自由(上肢不自由、下肢不自由、体幹機能障害、脳原性運動機能障害) ・心臓機能障害 ・じん臓機能障害 ・呼吸器機能障害 ・膀胱・直腸機能障害 ・小腸機能障害 ・HIV免疫機能障害 ・肝臓機能障害	・知能障害	・統合失調症 ・気分(感情)障害 ・非定型精神病 ・てんかん ・中毒精神病 ・器質性精神障害(高次脳機能障害を含む) ・発達障害 ・その他の精神疾患
所持者の数	497万7249人(令和2年度)	117万8917人(令和2年度)	118万269人(令和2年度)

各種の手帳を所持している人には、さまざまなサービスが提供される

⬇

たとえば……

所得税や住民税などの税制上の優遇、医療費負担の軽減、公共交通機関の運賃の割引、公共料金の減免・無償化といったサービスを受けることができる

Part4 12

成年後見制度

障害や高齢による
判断能力の不十分を
支援者がサポートします

成年後見制度とは?

成年後見制度の2つのタイプ

法定後見制度	任意後見制度
本人の判断能力がすでに不十分になってしまっている場合に利用する	将来、判断能力が不十分になったときのために準備しておきたい場合に利用する
家庭裁判所の審判が行われる	公正証書で契約を結ぶ
↓	↓
判断能力に応じて、後見・保佐・補助が選任される	**生活状況や将来のことを考え、援助者である任意後見人を決める**

◉成年後見制度とは？

成年後見制度は、知的障害や精神障害によって判断能力が不十分な人の財産や権利を守るための制度として、2000年につくられました。認知症などにより判断能力が低下した人の利用も多いため、この制度の利用層は70～80代が最多となっています。

家庭裁判所によって選任された支援者を成年後見人といい、成年後見人が本人の意思を尊重し、心身の状態や生活状況に配慮しながら、本人に代わって財産の管理をしたり、さまざまな契約や手続きの対応を行ったりします。

このような仕組みの制度なので、利用する際には家庭裁判所への申請が必要となります。

後見・保佐・補助の役割の違い

後見	保佐	補助
本人の判断能力が **欠けている**	本人の判断能力が **著しく不十分**	本人の判断能力が **不十分**

後見	保佐	補助
後見人に対して、代理権（契約などの法律行為ができる権限）と取消権（法律行為を取り消す権限）が与えられる	保佐人に対して、特定の事項以外の同意権（法律行為を行う際、後見人が同意する権限）と取消権が与えられる	補助人に対して、一部の同意権（法律行為を行う際、後見人が同意する権限）と取消権が与えられる

◉法定後見制度と任意後見制度

成年後見制度は、法定後見制度と任意後見制度の2つに分けることができます。

法定後見制度は、現時点で判断能力が不十分であるとみなされた人が利用できる制度です。

一方、任意後見制度は、現時点では判断能力などに問題はないものの、将来、認知症などで認知能力が衰え、判断能力に支障をきたすかもしれないと不安を感じる人が、あらかじめ支援者と支援内容を決めておく制度です。

法定後見制度は、とくに年齢制限を設けていません。判断能力が不十分であれば、何歳であっても利用することができます。また、将来に不安がある場合は、任意後見制度を使用することもできます。

◉法定後見制度の3種類

成年後見人の法的権限は、本人の認知能力や判断能力などによって違ってきます。判断能力は医師の診断や鑑定結果をもとに裁判所で検討されます。その能力に応じて後見、保佐、補助の3つに分かれ、それぞれを支援する人を成年後見人、保佐人、補助人（まとめて成年後見人）といいます。

後見は、知的障害や精神障害、認知症などによって、常に判断能力が欠けている人に適用されます。後見人には代理権が与えられ、日常生活に関する行為以外、財産に関するすべての法律行為について、本人に代わって行うことができます。さらに本人の行った行為を、後から取り消せる取消権も与えられます。

保佐は、知的障害や精神障害、認知症などによって、判断能力が著しく不十分な人に適用されます。借金や債務の保証、相続の承認・放棄、自宅の新築・改築・増築や大規模な修繕、不動産の売却などの行為（民法13条1項）を本人が行う際には、保佐人の同意を得ることが必要となります。

補助は、軽度の精神障害や知的障害で、比較的高い判断能力がある人に適用されます。多くのことは自分で判断できるものの、難しいことに関しては援助がないと困難という人です。補助人に同意権や代理権を与えるかどうかは、本人が判断します。ただし「特定の法律行為」については、補助人の同意を得なければならないことを家庭裁判所で定めることができます。

このように成年後見制度は、成年後見人に財産管理・契約などについての法的権限を与えることで、本人の意思を尊重しながら、生活しやすいように支援していきます。成年後見人は原則として本人が死亡するまで変更されることはなく、支援を続けることになります。

●日常生活自立支援事業とは？

本人に判断能力はあるものの、金銭管理に不安のある場合には、日常生活自立支援事業を利用することもできます。

日常生活自立支援事業は、都道府県および政令指定都市の社会福祉協議会が実施しているサービスで、主に福祉サービスの利用手続きや医療費、公共料金等の支払い、預貯金の出し入れなどといった日常的な金銭管理の援助を行っています。

成年後見人ができること・できないこと

成年後見人・保佐人・補助人の主な仕事

❶財産管理

・現金や預貯金の管理
・日常生活のお金の管理
・公共料金や介護保険料などの支払い
・納税や確定申告などの税務処理
・株式や有価証券などの金融商品の管理
・年金などの受領
・不動産の管理

❷身上監護

・医療費の支払い
・入退院の手続き
・施設への入所・退所契約
・介護が必要になったときなどの手続き

本人の意思を尊重し、健康状態や生活状況に配慮しながら行う

成年後見人・保佐人・補助人の仕事に含まれないこと

・食事や排泄の介助
・病院への送迎
・日用品の購入
・本人の住居を定めること
・医療行為に同意すること
・身元保証人、身元引受人などへの就任
・婚姻、離婚、認知、養子縁組・離縁などを代理で行うこと

本人の日常生活に関わる支援は成年後見人等の仕事に含まれない

Part4

13 難病法

難病を指定したり、難病患者への支援について定めた法律です

難病の定義とは？

難病法は2015年1月に施行された法律です。この法律の第一条では、難病について「発病の機構が明らかでなく、かつ、治療方法が確立していない希少な疾病であって、当該疾病にかかることにより長期にわたり療養を必要とすることとなるもの」と規定しています。そして難病のなかの指定難病に該当する人には、医療費の自己負担の一部助成などがなされます。

日本では1972年に難病法の前身として「難病対策要綱」が定められ、難病の調査・研究や患者に対する医療費助成などが進められていましたが、難病といわれる病気の数が増えるとともに、患者数も次第に増加していきました。その結果、難病と指定されている病気の患者と、指定されていない病気の患者の自己負担の割合に大きな差が出てしまい、公平性が保たれなくなってしまいます。そこで指定難病の拡充や財政の健全化を目的に、難病法が制定されたのです。

指定難病患者への主な支援

指定難病に該当する人に対しては、医療費助成、福祉サービス、就労支援などの支援がなされます。医療費助成は都道府県・指定都市の窓口で申請し、審査、受理されれば医療受給者証が交付され、医療費の自己負担の一部が助成されます。その金額にも患者世帯の所得によって上限が設けられています。

福祉サービスは障害者総合支援法に基づくもので、就労支援はハローワークの助成金などがあります。

難病と指定難病

難病

以下の4つの条件を満たす疾患

❶ 発病の機構が明らかでない
❷ 治療方法が確立していない
❸ 希少な疾患である
❹ 長期の療養を必要とする

指定難病

難病の4つの条件に加え、以下の2つの条件を満たす疾患

❺ 患者数が本邦において一定の人数(人口の約0.1%程度)に達しない
❻ 客観的な診断基準(またはそれに準ずるもの)が成立している

たとえば
筋萎縮性側索硬化症・パーキンソン病・ミトコンドリア病・もやもや病・悪性関節リウマチ・全身性エリテマトーデス・ベーチェット病・肥大型心筋症・潰瘍性大腸炎など、366(2021年11月)の疾病が指定難病とされている

難病患者への支援

医療費助成

都道府県・指定都市の窓口で申請し、審査、受理されれば医療受給者証が交付され、医療費の自己負担の一部が助成される

福祉サービス

障害者総合支援法によるサービスを利用することができる

就労支援

ハローワークでの職業相談・職業紹介、障害者トライアル雇用事業などの助成金などがある

Part4

14 医療的ケア児支援法

常に医療的ケアを必要とする子どもが安心して生活を送れるように制定されました

●増加する医療的ケア児

人工呼吸器による呼吸管理、たんの吸引、胃ろう（チューブで胃に栄養を送る）、気管切開の管理、酸素療法、中心静脈カテーテルの管理といった医療行為を必要とする児童を、医療的ケア児といいます。

医療の発達により、以前より多くの子どもの命が助かるようになりましたが、その一方で医療的ケアを常に必要とする子どもが増え、彼らに対する社会的な支援が十分でないことが問題となっていました。

そうしたなか、２０２１年に施行されたのが医療的ケア児支援法です。医療的ケア児が健やかに成長し、家族の離職を防ぎ、さらには安心して子どもを生んで育てられる社会の実現に寄与することを目的としてつくられました。

●医療的ケア児支援センターを設置

医療的ケア児に対する支援としては、たとえば24時間のオンコール体制を構築したり、医療的ケア児が過ごす場所に看護師を常勤させたりするサービスが挙げられます。家族向けには、子ども施設に数日間預ける短期入所や、同じ施設内に子どもを預けるスペースと親が働くスペースを設けるサービスなどもあります。

さらに医療的ケア児支援センターも見逃せません。そこでは医療的ケア児や家族からの相談に対して助言を行ったり、医療、保健、福祉、教育、労働などの業務を実施する機関に対して情報提供や研修を行ったりしています。

医療的ケア児とは?

医療的ケア児

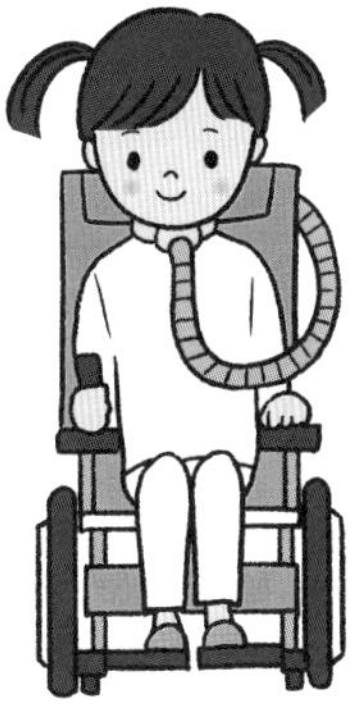

人工呼吸器による呼吸管理、たんの吸引、胃ろう(チューブで胃に栄養を送る)といった医療行為を必要とする児童のこと

医療的ケア児の数

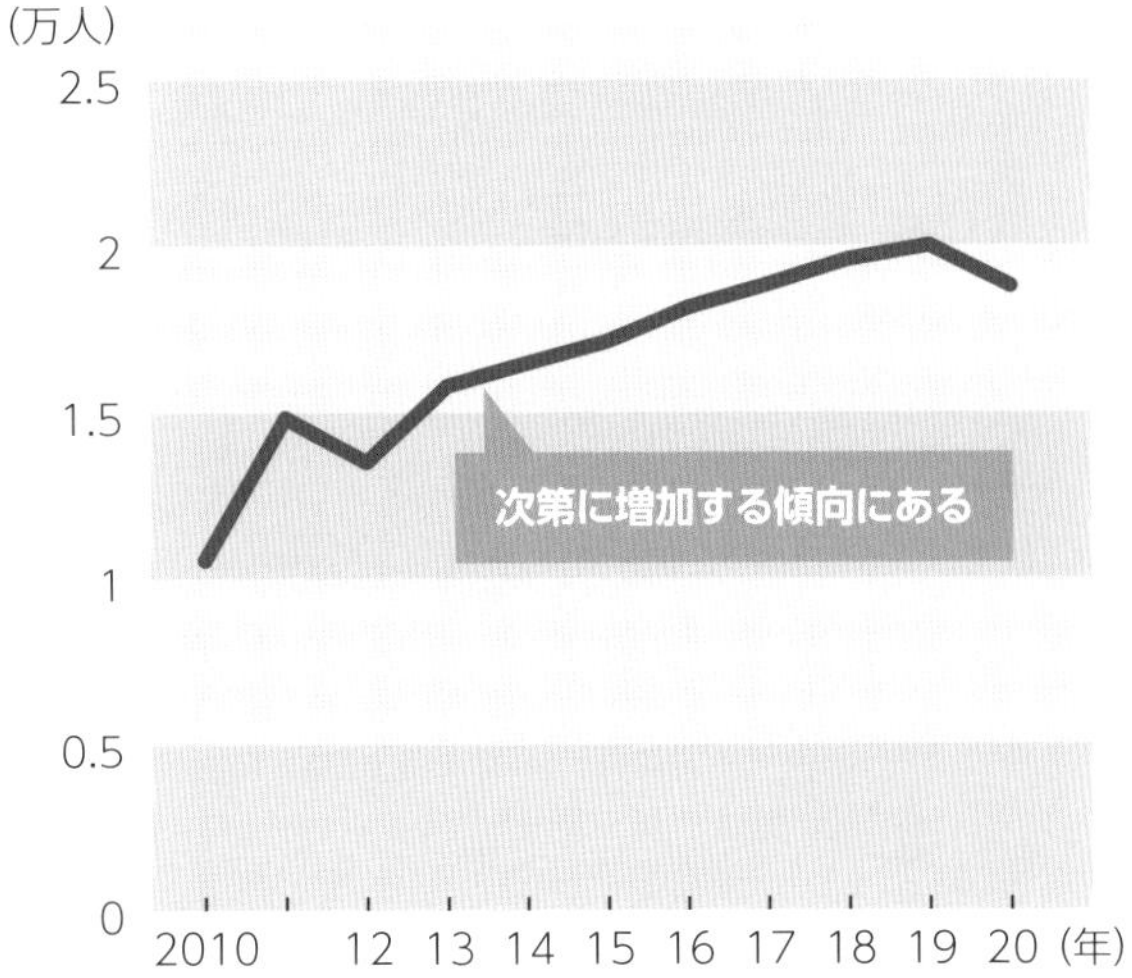

※在宅の医療的ケア児(0〜19歳)の推計値

参考：厚生労働省

医療的ケア児支援センターの重要性

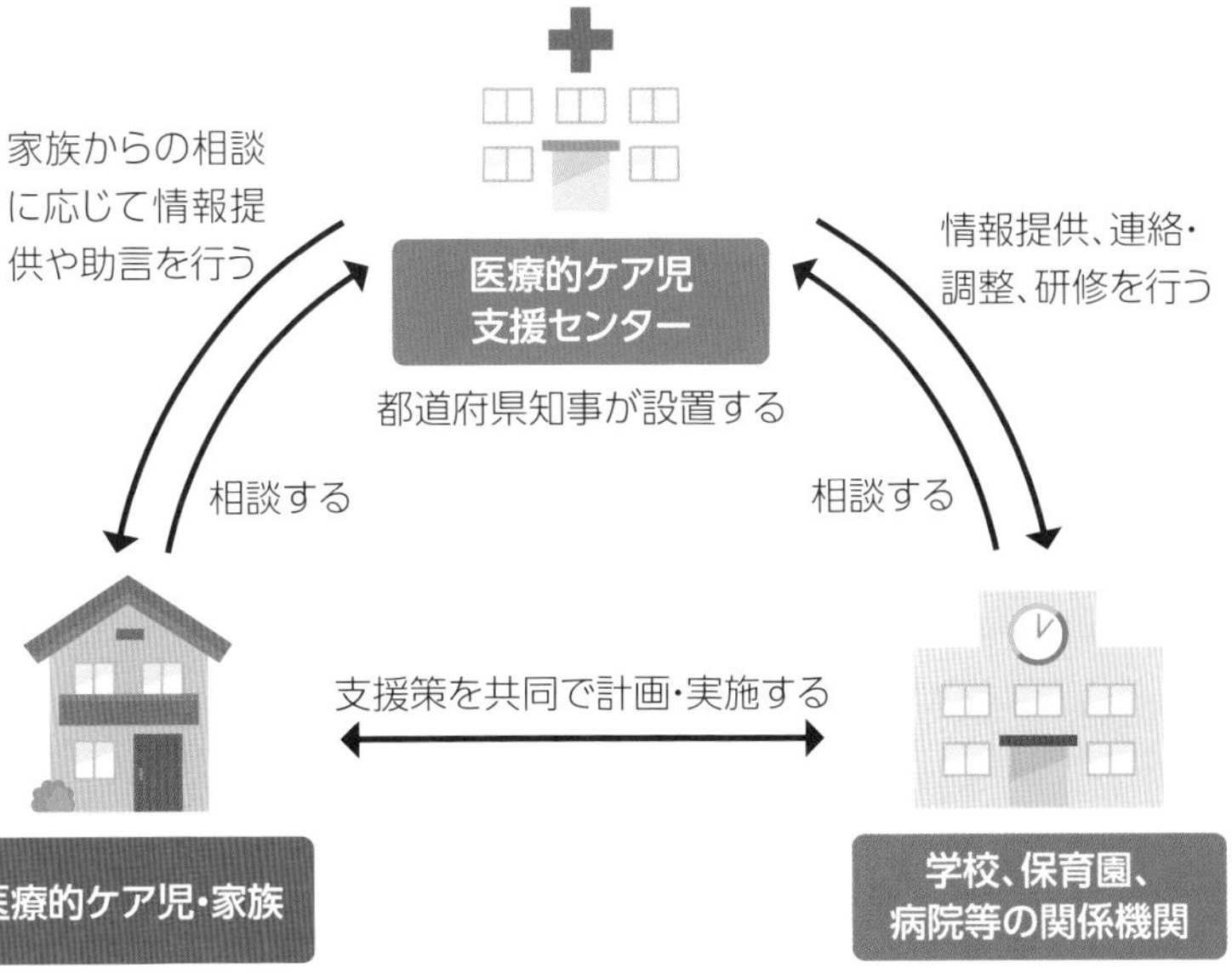

Part4

15 医療観察法

病状を改善させ、他害行為の再発を防止して円滑な社会復帰を促します

◉重大な他害行為を行った人が対象

心神喪失（しんしんそうしつ）または心神耗弱（こうじゃく）の状態で、殺人や放火、強盗、強制性交、傷害といった重大な他害行為を行い、司法の判断によって不起訴や無罪、もしくは刑の減刑の対象となる人がいます。そうした人に対し、専門的な治療と処遇を行うしくみを定めたのが、２００５年に施行された医療観察法です。

医療観察法では、入院や通院、退院などを適切に決定する手続き、専門的な医療、地域社会における医療やケアを提供するしくみなどについて定めています。他害行為が再度起こらないように医療や支援を提供して社会復帰を促すという観点が、大きな特徴になっています。

◉社会復帰調整官の役割

医療観察法に基づき、検察官が地方裁判所に審判の申し立てを行うと、対象者は鑑定を行う医療機関での入院後、裁判官と精神保健審判員の各1名からなる合議体の審判により、処遇が決められます。

入院による医療の決定を受けた場合は、厚生労働大臣指定の医療機関で医療が提供されると同時に、保護観察所に所属する社会復帰調整官によって退院後の生活環境の調整が実施されます。通院による医療の決定もしくは退院の許可を受けた場合は、社会復帰調整官らが作成する計画を基にした医療を、地域において原則3年間受けます。どちらのケースでも、社会復帰調整官が重要な役割を担うことになります。

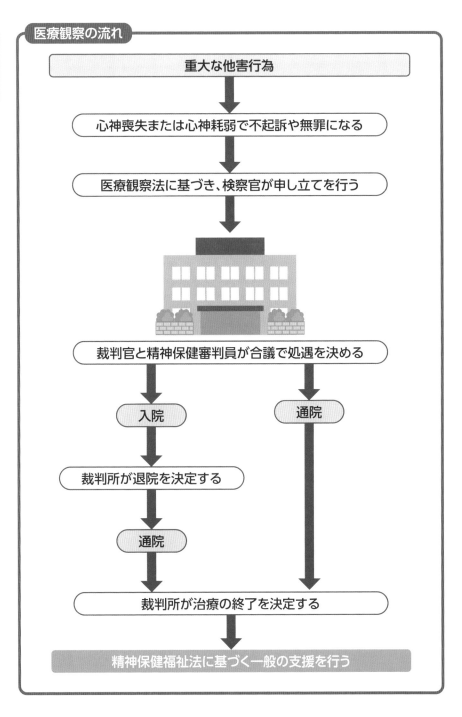

医療観察の流れ

重大な他害行為

↓

心神喪失または心神耗弱で不起訴や無罪になる

↓

医療観察法に基づき、検察官が申し立てを行う

↓

裁判官と精神保健審判員が合議で処遇を決める

- 入院 → 裁判所が退院を決定する → 通院
- 通院

↓

裁判所が治療の終了を決定する

↓

精神保健福祉法に基づく一般の支援を行う

Part4

16 児童福祉法

障害のある子どもとその家族のための福祉サービスの基盤です

◉子どもが健やかな暮らしを送れるように

児童福祉法の歴史は古く、１９４７年に制定されています。当時は戦争孤児や浮浪児に健全な育成を行う目的でつくられましたが、現在でも子ども家庭福祉における最も基本的な法律とされています。

児童福祉法の第一条には「全て児童は、児童の権利に関する条約の精神にのっとり、適切に養育されること、その生活を保障されること、愛され、保護されること、その心身の健やかな成長及び発達並びにその自立が図られることその他の福祉を等しく保障される権利を有する」とあり、子どもたちが健やかな暮らしを送れるように国が講じるべき策が決められています。

障害児に関する支援には、障害児通所支援と障害児入所支援などがあります。

◉障害児通所支援と障害児入所支援

障害児通所支援には、児童発達支援や医療型児童発達支援、放課後等デイサービスなどがあります。

一方、障害児入所支援には、福祉型障害児入所支援と医療型障害児入所支援があります。障害児通所支援は市区町村が行い、障害児入所支援は都道府県が行います。

なお、２０２４年4月から改正された児童福祉法が施行されます。注目すべきは「子どもの意見聴取等の仕組みの整備」です。児童相談所などは、子どもの意見や意向を把握したうえで、入所措置や一時保護に取り組むことになります。

児童福祉法で定められている主な福祉サービス

		支援の内容
通所系	児童発達支援	日常生活における基本的な動作の指導、知識技能の付与、集団生活への適応訓練などを支援する
通所系	医療型児童発達支援	日常生活における基本的な動作の指導、知識技能の付与、集団生活への適応訓練などの支援と併せて、治療を行う
通所系	放課後等デイサービス	授業の終了後、または休校日に児童発達支援センターなどの施設に通わせ、生活能力向上のための訓練や社会との交流促進などの支援を行う
通所系	保育所等訪問支援	保育所等を訪問し、障害のない児童との集団生活への適応のための専門的な支援を行う
通所系	居宅訪問型児童発達支援	重度の障害などにより外出が著しく困難な児童の居宅を訪問して、発達支援を行う
入所系	福祉型障害児入所施設	保護、日常生活の指導、知識技能の付与を行う
入所系	医療型障害児入所施設	保護、日常生活の指導、知識技能の付与などの支援と併せて、治療を行う

参考：全国地域生活支援機構

Part4
17
バリアフリー法

障害者の移動や利便性、安全性を向上させる目的でつくられました

●社会には多くの障壁がある

社会には障害のある人にとっての障壁（バリア）が数多く存在します。たとえば道路のちょっとした段差も、移動の大きな妨げになりえます。

これまでわが国では、ハートビル法や交通バリアフリー法によって、公共交通と建物のバリアフリー化が進められてきました。しかし、これらの法律では一部の場所のみのバリアフリー化しか実現できず、社会全体のバリアフリー化までには至っていませんでした。

そうしたなか、２００６年に公共交通機関の旅客施設・車両、路外駐車場、公園施設、駅前広場などでの移動や利便性、安全性の向上を高める目的で、バリアフリー法が施行されました。

●建築物のバリアフリー化

たとえば床面積が２０００㎡以上の特別特定建築物（病院、ホテル、美術館など）を建築する場合は、「建築物移動等円滑化基準」への適合が義務づけられます。出入口の幅は義務基準が80㎝以上、廊下の幅は義務基準が１２０㎝。トイレに関しては、車椅子利用者用の便房を１つ以上、オスメイト対応水洗器具付きの便房を１つ以上設置しなければいけません。

また、バリアフリー環境整備促進事業として、屋外の移動システム（スロープ、エスカレーター）を設置したり、移動システムと一体的に広場、空地、アトリウム、ホール、ラウンジ、トイレなどを整備したりすることなども求められます。

バリアフリー関連法の歴史

1994年（平成6年） **ハートビル法施行**	段差のない出入り口、視聴覚障害のある人に利用しやすいエレベーター、車椅子でもラクに利用できる駐車場などに基準が設定され、認定されると補助金などを受けることができた
2000年（平成12年） **交通バリアフリー法施行**	鉄道駅やバスターミナルといった公共交通機関の旅客施設の新設、大規模改築、あるいは新車両の導入などの際に、バリアフリー化が義務づけられた
2006年（平成18年） **バリアフリー法施行**	ハートビル法と交通バリアフリー法が統合された法律。障害のある人や高齢者が気軽に移動できるように、階段や段差を解消することを目指して制定された
2018年（平成30年） **改正バリアフリー法施行**	バリアフリー化をさらに推進するため「心のバリアフリー」を打ち出すなど、ソフト面の強化がなされた
2021年（令和3年） **再度の改正バリアフリー法施行**	前回の改正同様、「心のバリアフリー」が強調され、公共交通事業者などにスロープ、エレベーター、障害者トイレなど設置や段差の解消などを推進した

主なバリアフリー状況の変化

障害者用トイレ（旅客施設）
0.1%（2000）
▼
88.6%（2019）

段差解消（旅客施設）
28.9%（2000）
▼
91.9%（2019）

ホームドア設置
318駅（2006）
▼
858駅（2019）

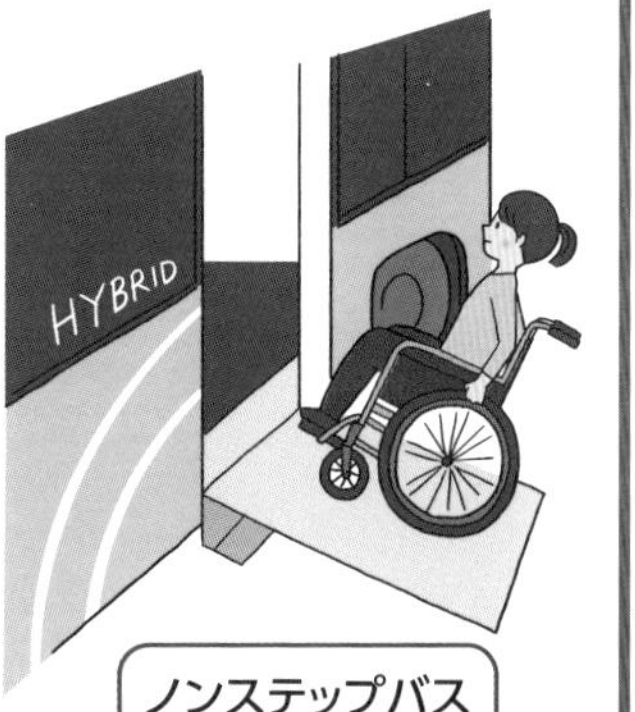

ノンステップバス
17.7%（2006）
▼
61.2%（2019）

※（　）は年度。出所：国土交通省

Part4
18
介護保険法

少子高齢化と核家族の時代に則した介護サービスの基盤になっています

◉家族だけで介護は困難な時代

これまで日本には、介護は家族（主に女性）が行うものという慣習がありました。しかし近年、少子高齢化と核家族化が進展したことにより、家族だけで介護を行うことは不可能に近い状況になってきています。

そこで高齢者を社会全体で支え合うしくみとして制定され、２０００年に施行されたのが介護保険法です。

介護保険法の目的は、介護が必要な人に対して、入浴、排泄、食事の介助や療養上の管理を行い、その人が尊厳を保ちつつ、日常生活を送れるようにすることです。65歳以上で要介護状態、要支援状態と判定された人と、40歳から64歳で要介護・要支援状態が加齢に起因する疾病（特定疾病）による人が対象で、介護認定は市町村に申請して実施します。

◉多様な支援サービス

介護保険法に基づくサービスは多岐にわたります。

自宅で利用するサービスとしては、訪問介護や訪問看護など、支援者に訪問してもらって受けるものがあります。

一方、利用者が施設に通って受ける通所サービスとしては、通所介護（デイサービス）や通所リハビリ（デイケア）があります。また、介護老人保健施設などで随時受ける施設サービスもあります。

そのほか、定期巡回・随時対応型訪問介護看護などの地域密着型介護サービスなども利用できるようになっています。

介護保険制度のしくみ

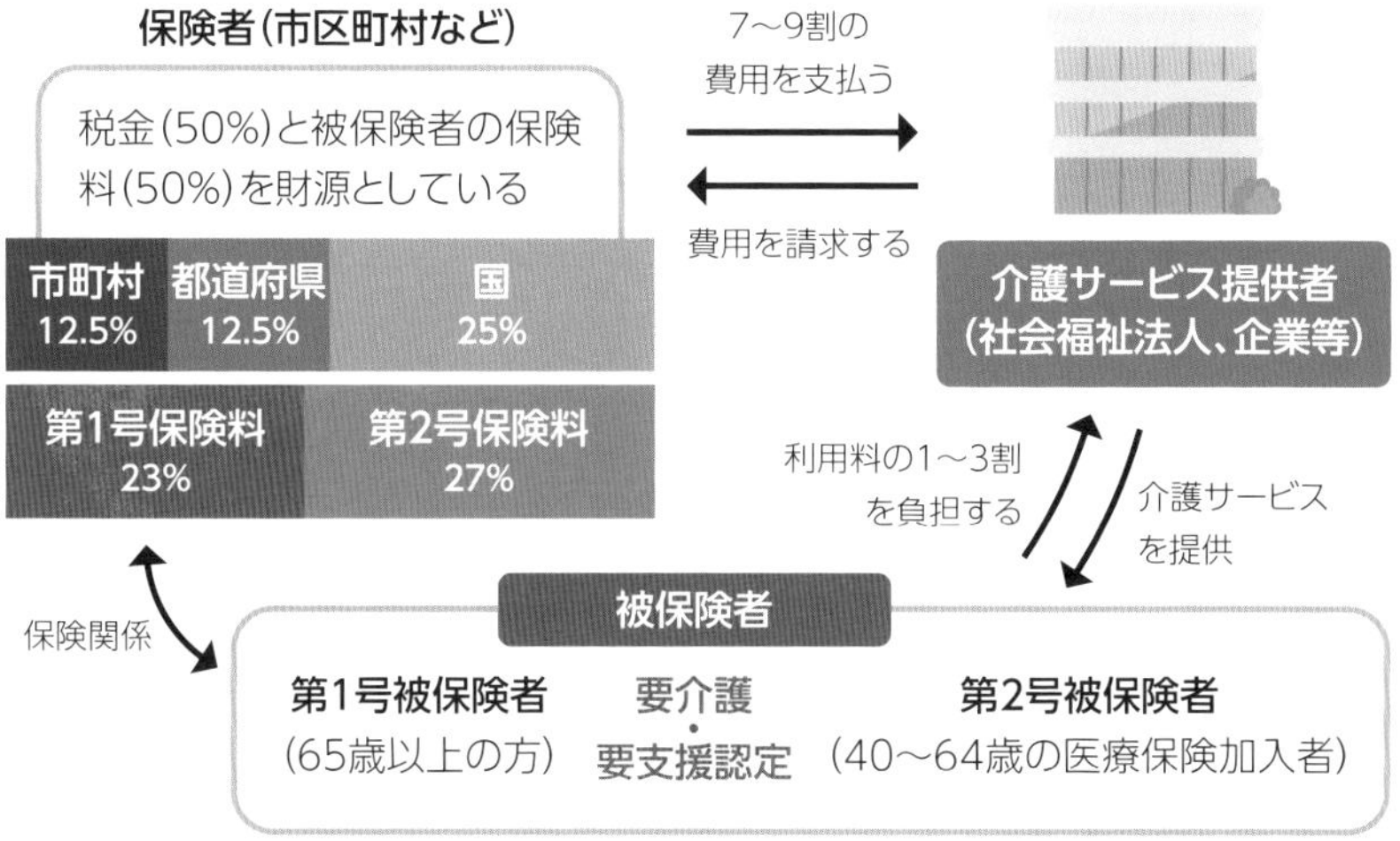

主な介護サービス

自宅で利用	訪問介護	訪問介護員（ホームヘルパー）が利用者宅を訪問し、食事や入浴などの介護、掃除・洗濯、買い物などの生活支援を行う
	訪問看護	看護師などが利用者宅を訪問し、主治医の指示のもと、療養上の世話や診療の補助を行う
	定期巡回・随時対応型訪問介護看護	定期的な巡回や随時通報への対応など、利用者の心身の状況に応じて、24時間365日必要なサービスを必要なタイミングで柔軟に提供する
日帰りで施設等を利用	通所介護（デイサービス）	利用者が施設に通い、食事や入浴などの支援や、心身の機能訓練、口腔機能向上サービスなどを日帰りで提供する
	通所リハビリテーション（デイケア）	利用者が施設や病院に通い、理学療法士、作業療法士、言語聴覚士などによる機能の維持回復訓練などを提供する
宿泊系	短期入所生活介護（ショートステイ）	施設などが常に介護を必要とする方の短期の入所を受け入れ、入浴や食事などの支援や機能訓練などを行う
居住系	特定施設入居者生活介護	有料老人ホームや軽費老人ホームなどが、食事や入浴など支援や機能訓練などを行う
施設系	特別養護老人ホーム	常に介護が必要な方の入所を受け入れ、入浴や食事などの支援や機能訓練、療養上の世話などを行う
	介護老人保護施設	在宅復帰を目指している方の入所を受け入れ、リハビリテーションや必要な医療、介護などを提供する
その他	小規模多機能型居宅介護	施設への「通い」に短期間の「宿泊」や利用宅への「訪問」を組合せ、日常生活上の支援や機能訓練を行う
	福祉用具貸代	利用者が適切な福祉用具を選ぶための援助や調整などを行い、福祉用具を貸与する利用者が適切な福祉用具を選ぶための援助や調整などを行い、福祉用具を貸与する

Part4
19

労働者災害補償保険

仕事中や通勤中に怪我や病気をした労働者に対して給付がなされます

●労働者とその遺族の生活を守る

仕事中に事故にあい、障害が残ってしまった――。そうしたときに労働者の損害を補償してくれるのが、1947年に施行された労働者災害補償保険、通称「労災保険」です。

労災保険の給付対象は、業務災害と通勤災害に分けることができます。業務災害とは仕事中にこうむった怪我や病気、障害、そして死亡などのことで、通勤災害とは通勤中にこうむった怪我や病気、そして死亡などのこと。対象者は、治療費などをすべて自分で負担する必要はなく、労災保険で補償されます。

労災保険は、労働者とその遺族の生活を守るための保険制度といえるでしょう。

●すべての事業主に加入義務がある

給付対象になるかどうかを認定するのは、労働基準監督署です。近年では、アスベストによる肺がんを業務災害として認めたことが大きな話題になりました。

労災保険には原則、労働者を雇うすべての事業主が加入しなければなりません。労働者の雇用形態は問われることなく、正規職員とパートタイムなどが同じように扱われます。

たとえば業務災害や通勤災害による傷病で療養する場合は、療養等給付がなされます。傷病が治癒（症状固定）した後、障害等級第1級から第7級までに該当する障害が残ったときは障害等給付が、傷病により死亡した方の葬儀を催す場合は葬祭給付がなされます。

労災保険による主な補償

労災保険

仕事を休む必要が生じた場合
▼
休業(補償)等給付
休業1日につき、給付基礎日額の60%相当額が給付される

病気・怪我などをした場合
▼
療養(補償)等給付
療養に必要な費用が給付される

介護が必要な状態になった場合
▼
介護(補償)等給付
介護(補償)等給付が支給される

障害が残った場合
▼
障害(補償)等給付
障害(補償)等年金、または障害(補償)等一時金が給付される

死亡した場合
▼
遺族(補償)等給付
遺族(補償)等年金、または遺族(補償)等一時金が給付される

障害(補償)等給付の請求手続きの流れ

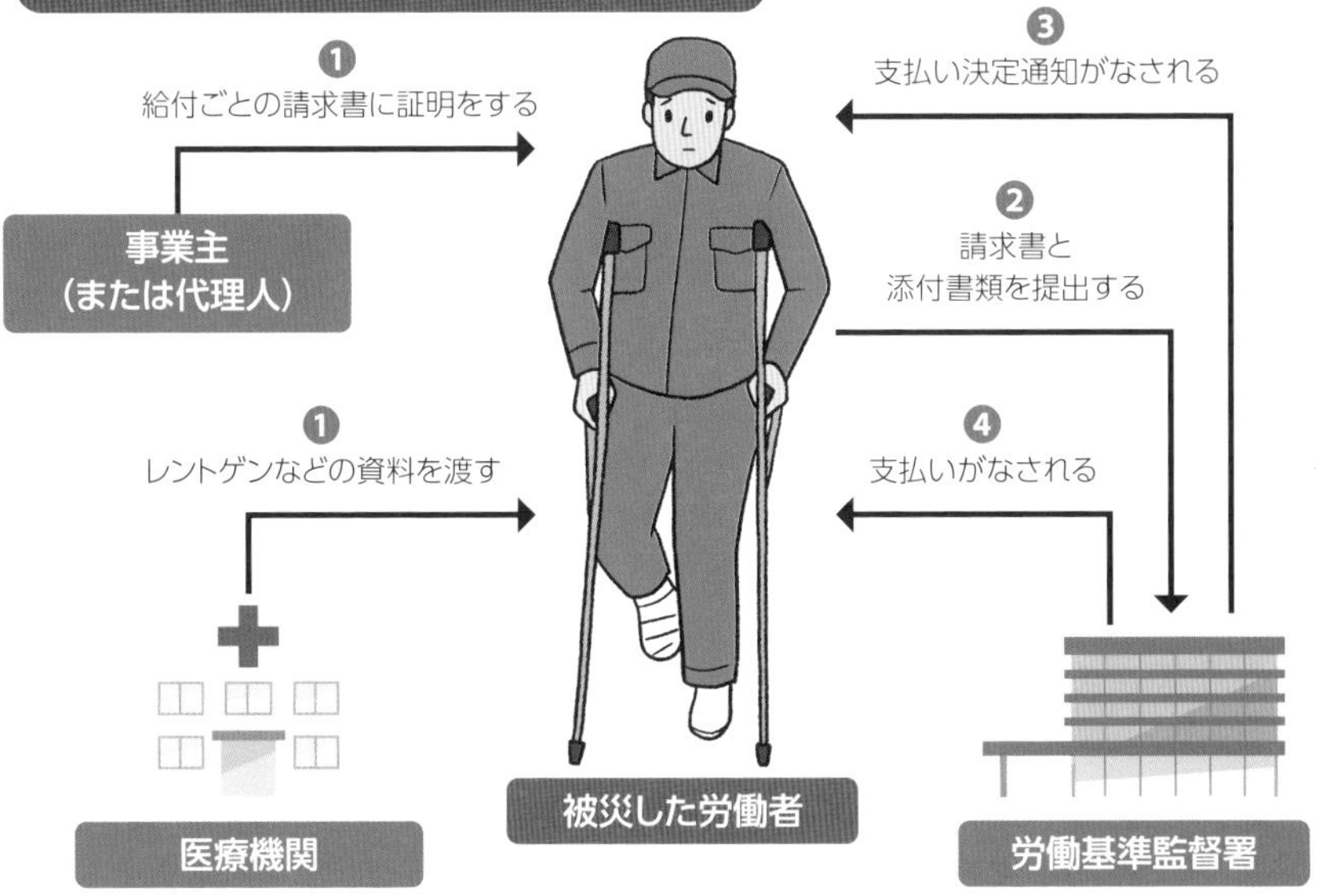
❶ 給付ごとの請求書に証明をする
事業主
(または代理人)
❶ レントゲンなどの資料を渡す
医療機関
被災した労働者
❸ 支払い決定通知がなされる
❷ 請求書と
添付書類を提出する
❹ 支払いがなされる
労働基準監督署

参考：厚生労働省 労災保険「障害(補償)等給付の請求手続き」
https://www.mhlw.go.jp/new-info/kobetu/roudou/gyousei/rousai/dl/040325-8.pdf

Part 5

障害者を支える さまざまな サービス

交通機関の割引、補助犬、ゴミ出し、散髪、図書館、医療、就労……。障害のある人のための支援・サービスはさまざまな場面で用意されています。そのなかで主だったものを、この章で紹介します。

この章のメニュー

Part5

1

〈外出支援〉鉄道の割引

障害者手帳を提示すると運賃が割引になります

●JRの割引

公共交通機関を利用する際、身体障害者手帳や療育手帳をもっている人は、切符購入時に窓口でその手帳を提示することにより、運賃の割引を受けることができます。

JRでは、障害者手帳の「旅客鉄道株式会社旅客運賃減額欄」に記載されている「第1種」「第2種」によって受けられるサービス（割引）が異なります。

たとえば第1種障害者と介護者が一緒に利用する場合、普通乗車券、回数乗車券、普通急行券、定期乗車券を5割の値段で購入できます。12歳未満の第2種障害者と介護者の場合、定期乗車券に限り、5割引きで購入可能です、障害のある人本人がひとりで利用する場合、片道の距離が100キロを超える場合に限り、第1種障害者・第2種障害者を問わず、普通乗車券を5割の価格で購入できます。

●私鉄及び公共の交通機関の割引

私鉄は会社によって対応が異なりますが、JRとほぼ同率の割引制度が設けられています。対象者もほとんど変わりません。詳細に関しては、私鉄各社のホームページなどで確認することができます。

自治体が運営している公営の公共交通機関では、乗車券が無料になる場合も多くあります。

また、身体障害者手帳と療育手帳だけでなく、精神障害者保健福祉手帳をもっている人も割引の対象となります。

Part 5

2

〈外出支援〉

高速道路の割引

事前登録を行えば、高速道路の通行料金が割引になります

有料道路を走る

障害のある人が高速道路（有料道路）を利用する場合、通行料金を割り引く障害者割引を受けられます。

利用するには事前の手続きが必要で、市区町村の福祉担当窓口で自家用車を登録しておきます。それにより、たとえば身体障害のある人が自ら運転する場合、または重度の身体障害のある人もしくは重度の知的障害のある人が同乗して障害のある人本人以外が運転する場合、行き先に対して通常料金の50％以下の割引を受けることができます。

ただし、登録した自動車・ETCカード・ETC車載器以外での利用には割引が適用されないので注意しましょう。

自家用車の登録の流れ

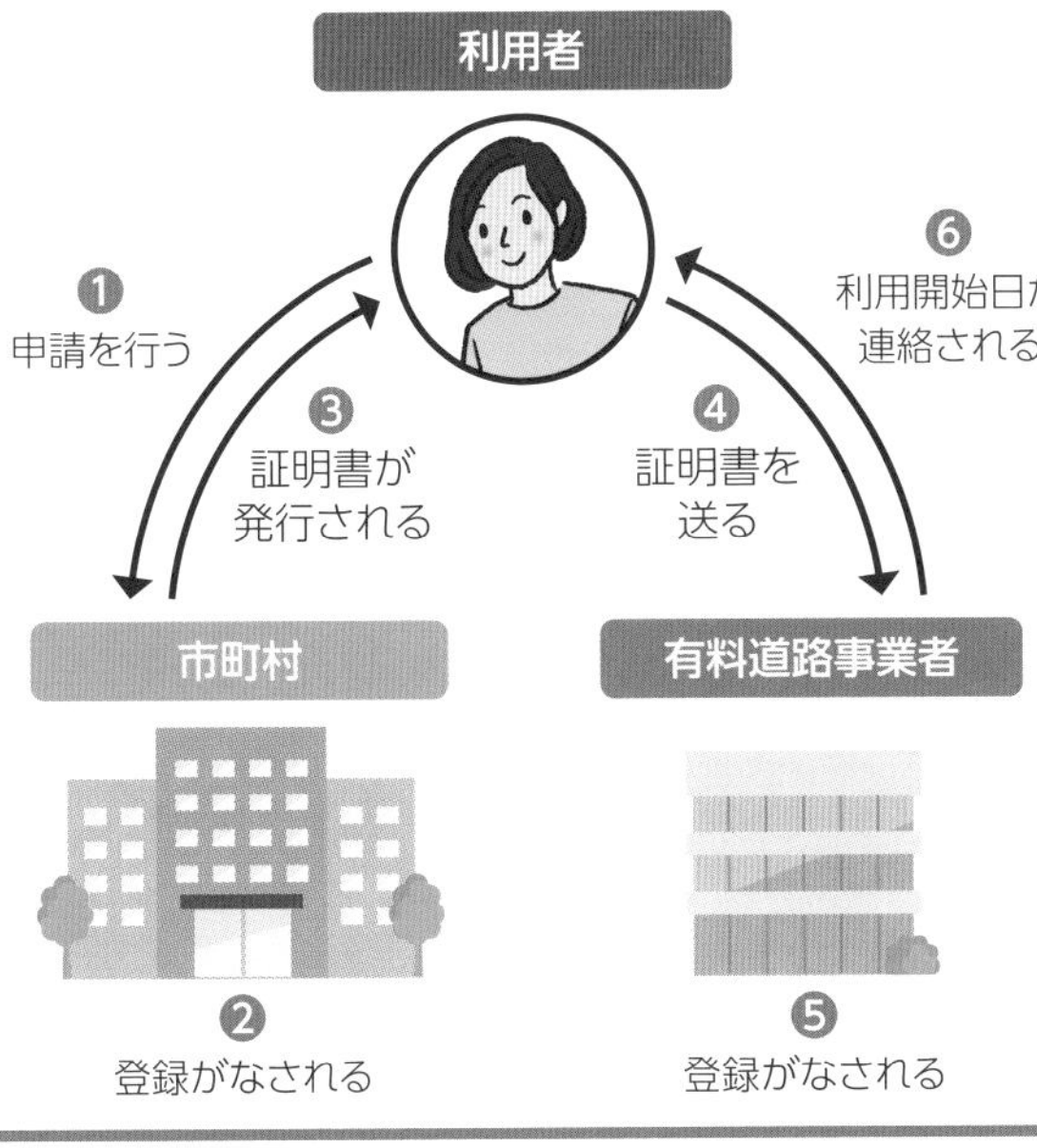

利用者
❶ 申請を行う
❷ 登録がなされる
❸ 証明書が発行される
❹ 証明書を送る
❺ 登録がなされる
❻ 利用開始日が連絡される
市町村
有料道路事業者

Part 5

3 〈外出支援〉ヘルプカード

援助を受けやすく・しやすくなる十字とハートマークのカード

◉援助・配慮が得やすくなる

一見、障害があるとわからない人も少なくありません。義足や人工関節を使用していたり、内部障害や難病を抱えていたりする人は、外見だけで判断できないことが多いです。そうした人たちは、たとえば電車やバスに乗っているときなどに、援助や配慮を得にくいという現実があります。そこで作成されたのが、赤地に白い十字とハートのヘルプカードです。

ヘルプカードをつけ、周囲に援助や配慮を必要としていることを知らせることにより、援助が得やすくなります。周囲の人にとっても席を譲ったり、声をかけたりしやすくなるメリットがあります。2012年に東京都が作成し、現在は全国に広がっています。

ヘルプカードへの記載事項

山田太郎
○○○
○○○
自分の名前、連絡先の住所・電話番号、障害・病名、服薬、通院中の病院名・電話番号などを記入しておく

※重要な個人情報なので、取り扱いには十分に注意する

Part 5
4
補助犬
〈外出支援〉

障害者の手助けをしてくれる賢くて優しいパートナーです

3種類の補助犬

体に障害のある人が犬をつれている光景を、街で見かけたことがあるでしょう。あの犬はペットではなく、目や耳や手足に障害のある人の手伝いをする身体障害者補助犬です。

補助犬は身体障害者補助犬法に基づき、身体障害者の自立と社会参加に資するものとして訓練・認定された犬で、盲導犬、介助犬、聴導犬の3つに分けられます。

盲導犬は、視覚障害のある人が街なかを安全に歩けるよう、道路の段差やカーブなどを教えるなどのサポートを行います。介助犬は、肢体不自由のある人に代わってドアを開けたり、スイッチを押したり、落としたものを拾ったりします。室内では着がえを手伝ったりもします。聴導犬は、聴覚障害のある人に代わって車のクラクションや非常ベルなどの音を聞き、それを知らせます。室内では目覚まし時計の音が鳴ると、起こしてくれたりもします。

補助犬同伴で店舗などに入れる

補助犬は特別な訓練を受けていて、衛生面もしっかりと管理されています。そのため、利用者は補助犬を連れて公共機関や公共施設、スーパーマーケットやレストラン、ホテルなどに入ることができます。

補助犬の利用希望者は、都道府県知事に申請を行い、都道府県による費用助成の決定後、給付を受けることになります。

Part5

5

〈外出支援〉ガイドヘルパー

外出する際にヘルパーの付き添いサービスを受けることができます

●知的障害者の外出を支える移動支援

朝起きて仕事に出かけたり、日中活動に出かけたり、プライベートで外出したり、ちょっと近所のスーパーまで買い物に行ったり、役所へ手続きに行ったり……。外出は社会生活において重要な行為ですが、障害のためにひとりでの移動が難しい人も数多くいます。そうした人をサポートするため、ガイドヘルパー（移動支援従業者）によるいくつかのサービスが設けられています。

●ガイドヘルパーが付き添う移動支援

ひとつ目は移動支援です。知的障害のある方の場合、外出先で支払い時に困難が生じたり、予想外の出来事への対応が難しかったりするケースがあります。そうした事態に備え、ガイドヘルパーが利用者に付き添って支援を行います。

障害者総合支援法の地域生活支援事業のひとつであり、実施主体となる市町村によってサービスの内容は異なりますが、プールや銭湯での利用が可能な自治体もあります。

●外出時の危険を回避する行動援護

2つ目は行動援護（えんご）です。これは知的障害などによって行動面において著しい困難がある人に対するサービスで、外出時の危険を回避したり、交通機関を利用する際にサポートしたり、食事や排泄の介助を行ったりします。

3つの外出支援サービス

	サービス内容	障害の種別
移動支援	外出先で支払い時に困難が生じたり、予想外の出来事への対応が難しかったりするケースに備え、ガイドヘルパーが付き添って支援を行う	知的障害 精神障害 視覚障害 身体障害
行動援護	行動面に著しい困難がある人に対し、外出時の危険を回避したり、交通機関を利用する際にサポートしたり、食事や排泄の介助を行ったりする	知的障害 精神障害
同行援護	外出する視覚障害者にガイドヘルパーが付き添い、安全を確保したり、移動に必要な情報を提供するなどのサポートを行う	視覚障害

移動支援と同じく障害者総合支援法に基づいたサービスですが、介護給付に位置づけられており、障害支援区分3以上、障害支援区分認定調査項目のうち行動関連項目10点以上の人が利用対象になります。

●視覚障害者の外出を支える同行援護

3つ目は同行援護です。障害者総合支援法の介護給付に位置づけられる行動援護とよく似たサービスですが、主に視覚障害のある人を対象にしている点で異なります。

視覚障害のある人の場合、外出時に道路の状況や標識、看板などの大事な視覚情報を受け取ることができず、移動が困難になりがちです。そこで同行支援では、ガイドヘルパーが付き添い、安全を確保したり、移動に必要な情報を提供するなどのサポートを行います。

視覚障害があり、「同行援護アセスメント調査票」による調査で条件を満たしている人が利用対象とされ、条件によって身体介助をともなう支援と、ともなわない支援に分かれます。

Part5

6

〈生活支援〉寝具乾燥サービス

専門業者が布団を乾燥させたり、水洗いしたりしてくれます

水洗いや消毒サービスも

寝具乾燥サービスは、在宅で介護を要する重度障害のある人に対して、月1回、専門業者による寝具乾燥などのサービスを提供するものです。

身体障害者手帳1・2級、または療育手帳所をもっていて、寝たきり状態の人のうち、家族の援助が受けられず、寝具の乾燥が必要だったり、一人暮らしで寝具の乾燥が困難だったりする場合にサービスを受けることができます。乾燥だけではなく、水洗いや消毒などのサービスもあります。

1割負担が基本

自治体によっては、寝具1組につき年3回以内といった回数を設けているところもあります。また、費用は1割負担を基本とし、生活保護を受給している場合は自己負担がありません。

このように寝具乾燥サービスは、提供元によって取り組む内容が異なるので、窓口で詳細を確認してから利用するようにしましょう。

Part5

7 〈生活支援〉訪問理美容サービス

外出できず、髪のカットができない人を訪問して支援します

●理容師・美容師がきてくれる

障害をもっているために外出できず、髪をカットすることができないという人は、訪問理美容サービスを利用する方法があります。

訪問理美容サービスとは、理美容組合に加盟している店から理容師または美容師が訪ねてきて、髪のカットなどをしてくれるサービスです。

15才以上65才未満で特別障害者手当を受けている人のうち、在宅で常時寝たきりのため、理髪店や美容室へ行くことができない人が対象者となります。自治体によっては、65歳以上で要介護4または5に認定された高齢者を、このサービスの対象としているところもあります。

●検索サイトが使える

訪問理美容サービスは、回数が設定されており、基本的には年6回以内しか利用できません。費用は1回につき５００円の自治体があれば、２０００円くらいの自治体もあってさまざまです。

また、訪問理美容サービスを利用する場合、インターネットの検索サイトが役に立ちます。

たとえば「RiBeer（リビー）」という訪問理容サービス全国ポータルサイトでは、利用者の自宅の近くにサービス業者があるのかどうか、あるとすればどのようなサービスを提供しているのかを細かく調べることができます。利用を希望する人は一度、サイトを閲覧してみるとよいでしょう。

Part 5

8

〈生活支援〉ゴミ出し支援

ゴミ出しするのが難しい人に代わって処理してくれます

●家庭ゴミや粗大ゴミを収集してくれる

肢体に障害のある人や、高齢で足腰が弱っている人などのなかには、ゴミ出しが困難な人が少なからずいます。ゴミを集積所までもって行けず、いつまでも室内にため込んでいると、臭ってきますし、衛生的にもよくありません。

そこで、家庭ゴミや粗大ゴミを戸別に収集するサービスを行っている自治体もあります。

たとえば東京都八王子市の場合、清掃事業所に電話で申し込むと、面談をして収集方法などを確認のうえ、ゴミ収集日に可燃ゴミ、不燃ゴミなどを収集にきてくれます。

対象者は市内在住で身体障害者手帳1級・2級の交付を受けている人や、介護保険で要介護1から5の認定を受けている人などのうち、在宅での生活をするうえでゴミ出しが困難であり、また親族や近所からの支援を受けられない人です。

●地域のボランティアによるゴミ出し支援

清掃事業所ではなく、協力員によるゴミ出し支援を行っている自治体もあります。

たとえば千葉県千葉市では、ゴミ出し支援を行う町内自治会、老人クラブ、PTAなどの団体に対して補助金を交付しており、その団体が障害者や高齢者などの世帯からゴミを収集し、ゴミステーションへ排出するようになっています。さまざまな形でのゴミ出し支援が行われています。

Part 5

9 〈生活支援〉日常生活用具給付

日常生活に必要な
さまざまな用具が
給付される
サービスです

地域生活支援事業の必須事業

障害のある人が自立した生活を営むことができるよう、市区町村では地域生活支援事業を行っています。そのうち必須事業のひとつが日常生活用具給付です。

このサービスでは、障害のある在宅の人、あるいは難病の人に対し、日常生活を容易にするためのさまざまな用具が給付されます。たとえば、肢体不自由の人にはつえ、浴槽、湯沸器、温水洗浄便座など、視覚障害のある人には活字読み上げ装置、点字タイプライター、音声式体温計といった具合です。

対象となる障害の程度や年齢、利用者負担などは自治体によって異なり、介護保険の対象になる人は介護保険が優先されます。

日常生活用具の給付事例

対象となる障害	用具名
身体障害(視覚)	点字タイプライター
身体障害(視覚)	視覚障害者用体温計
身体障害(視覚)	電磁調理器
身体障害(聴覚)	聴覚障害者用目覚時計
身体障害(上肢)	特殊便器
身体障害(下肢・体幹)	入浴補助用具
身体障害(下肢・体幹)	特殊寝台
身体障害(その他)	ストマ用装具
身体障害(その他)	携帯用会話補助装置
身体障害(その他)	情報・通信支援用具
身体障害(その他)	移動・移乗支援用具
身体障害(その他)	歩行補助つえ
知的障害	火災警報器
知的障害	特殊便器
精神障害	頭部保護帽

※大阪府堺市の事例

Part 5

10 〈生活支援〉図書館利用

図書館は誰にでも
開かれた施設になる
ことを目指しています

●障害者が利用しやすい図書館づくり

図書館では、障害のある人向けのさまざまなサービスを行っています。

たとえば、読みたい本や雑誌があれば、自宅まで配送してくれます。視覚障害のある人に対しては、館内で対面にて朗読をしてくれるところもあります。

目の見えにくい人のためには、大きな文字で書かれた大活字本や点字に翻訳（点訳）した点字図書を、本をそのままの状態では読めない、あるいは読みにくい人のためには、本の内容を音声にした録音図書や絵文字・写真・図でわかりやすく書かれたＬＬブックなども用意しています。

日本図書館協会の取り組みも見逃せません。同協会は、２０１６年に「障害を理由とする差別の解消の推進に関する法律」（通称「障害者差別解消法」）が施行されたのを機に、「図書館における障害を理由とする差別の解消の推進に関するガイドライン」および「ＪＬＡ障害者差別解消法ガイドラインを活用した図書館サービスのチェックリスト」を作成しました。

また２０１９年には、「視覚障害者等の読書環境の整備の推進に関する法律」（通称「読書バリアフリー法」）が制定されています。さらに２０２２年には「障害者による情報の取得及び利用並びに意思疎通に係る施策の推進に関する法律」（通称「障害者情報アクセシビリティ・コミュニケーション施策推進法」）なども制定され、障害のある人のための読書環境が次第に整ってきています。

図書館の主なサービス

手足などに障害のある人向け

・館内設備が車椅子のままで利用可能
・本や雑誌を自宅まで配送してくれる

視覚に障害のある人向け

・筆対面朗読サービスを行っている
・大活字本、点字図書などを用意

聴覚や言語に障害のある人向け

・筆談による対応ができる
・FAXによる資料の貸し出しができる
・録音図書、LLブックなどを用意

●図書館にあるバリアとは？

しかし、図書館ごとに対応の差がみられるため、日本図書館協会では、公共図書館の規模ごとにどのような取り組みが必要かをまとめた「図書館利用に障害のある人々へのサービス基準公共図書館編」を作成し、ホームページで掲載しています。

この案内をみると、図書館にはいくつかの障壁があることがわかります。入口や館内に階段や段差がある、書架の間隔が狭くて車椅子では入れないなどの物理的な障壁、視覚障害者からの点字による質問が理解できないといったコミュニケーションの障壁、字が小さくて読めないといった障壁、図書館が入るのを拒否するような雰囲気を醸し出しているなどの障壁です。このように障壁が生じやすい状況を具体的に示したうえで、対応策などがまとめられています。

ほとんどの図書館で障害のある人へのサービス利用案内をホームページで公表しているので、ぜひ調べてみてください。

Part5

11

〈生活支援〉

余暇活動支援

余暇＝人生の充実をはかるため、支援を行っています

障害者の余暇活動の実態は？

運動、読書や音楽鑑賞、映画鑑賞、手芸、釣り、写真……。生命や生活の維持に必要な活動以外に、自由に行う活動を余暇（よか）活動といいます。休日は趣味に興じてリフレッシュしている人も多いでしょう。

ところが障害のある人の場合、趣味が単調になる傾向があり、サービス利用や仕事のない日は外出せずにテレビを見ている、休日に家族以外と過ごす割合が低いといった実態があります。そして、その背景には地域で利用できる資源が少なかったり、移動に支援が必要で外出の機会が制限されがちといった問題が指摘されています。

障害のある人を余暇活動から遠ざけ、多様な人々との関わりの機会を得にくくしないように、改善が求められるところです。

文化芸術にふれる機会を推進する

そうしたなかで、障害のある人の余暇活動を支援する取り組みも行われています。

２０１８年には「障害者による文化芸術活動の推進に関する法律」が施行され、国は障害者による文化芸術活動の推進に関する基本計画を、都道府県は障害者の文化芸術活動の推進に関する計画を策定することになりました。その事例として、文化芸術の鑑賞機会の拡大が挙げられます。障害のある人が映画館や劇場、美術館、コンサートホールなどの施設を利用しやすいように、その構造や設備を整備して文化芸術にふれる

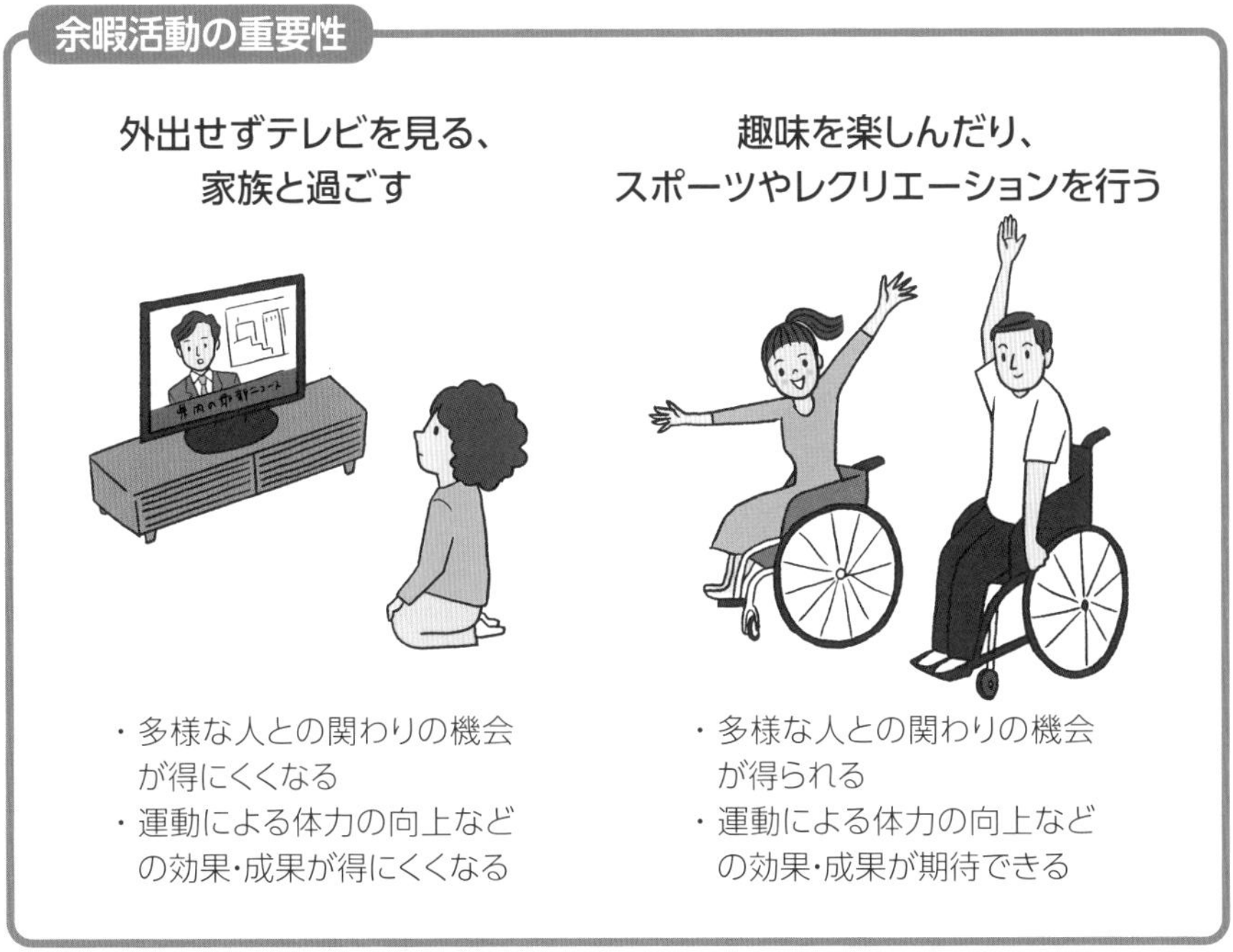
余暇活動の重要性
外出せずテレビを見る、家族と過ごす
・多様な人との関わりの機会が得にくくなる
・運動による体力の向上などの効果・成果が得にくくなる
趣味を楽しんだり、スポーツやレクリエーションを行う
・多様な人との関わりの機会が得られる
・運動による体力の向上などの効果・成果が期待できる

機会を推進しようというものです。

演劇やダンスの作品をつくる

また、福岡県立ももち文化センターのワークショップは、子どもから大人までさまざまな障害をもつ幅広い年代の人たちを対象にした演劇やダンスのワークショップを開催しています。参加者は演出家や俳優、ダンサーと一緒にひとつの作品をつくり、舞台で発表します。このようにワークショップに参加することが、障害のある方の居場所のひとつになっているのです。

日本演出者協会も「社会と知的障害者施設を演劇でつなぎ地域のプラットフォームをつくる事業」として、知的障害者と演劇をつくったり、施設での活動に演劇を取り入れるといった試みについてのシンポジウムを開催しています。

この法律に基づく事業は、まだ十分に周知されているとはいえませんが、サービスを提供する事業所と、文化芸術施設、団体などのコラボレーションが進めば、障害のある人の余暇活動の充実につながるはずです。

Part5

12

〈生活支援〉

手話通訳者派遣

聴覚障害のある人とない人とのコミュニケーションを仲介します

●認定の手話通訳者が派遣される

聴覚障害のある人は、買い物や通院などの日常生活で不自由することが少なくありません。そうしたときに頼りになるのが手話通訳者です。

手話通訳者は聴覚障害のある人とない人を仲介する存在で、聴覚障害のある人が日常生活ならびに社会生活におけるコミュニケーションを円滑に行い、社会参加しやすくするための役割を担います。

その手話通訳者の派遣を、市区町村などが行っています。聴覚障害のある人などが事前に申請すると、認定された手話通訳者が派遣され、コミュニケーションの仲介をします。最近はタブレットを使った遠隔手話通訳サービスを行っているところも増えてきました。

遠隔手話通訳サービス
利用者
手話によるコミュニケーション支援が必要な人
ダブレット端末やスマートフォンを介して、手話通訳者に意思を伝える
手話通訳者
手話通訳者が音声で利用者の意思を伝える

Part 5
13
〈生活支援〉
緊急一時保護制度

急用の際、障害者を施設で保護してくれるサービスです

●施設で一時的に保護してくれる

介護者が病気や冠婚葬祭などで障害のある人を介護できなくなってしまったとします。そうしたときに、自治体が委託した施設で一時的に保護する制度を緊急一時保護制度といいます。

ヘルパー派遣事業所から派遣されるホームヘルパーなどが介護者となり、サービス利用者はゆったりくつろいで過ごすことができます。

介護者が介護できなくなった理由が病気、出産、冠婚葬祭、事故といったやむを得ない事情の場合にのみ利用対象となり、たとえば冠婚葬祭のなかでも、結婚式や一周忌以降の法事などの急を要しないものについては対象になりません。

●事前の申し込みが必要

緊急一時保護制度の対象者は、身体障害者手帳または療育手帳を取得している人です。受け入れ施設によって利用できる年齢に制限があったり、原則7日以内などの基準を設けている自治体もあります。

利用料は無料ですが、別途食費などの実費分を負担する場合もあります。

利用を希望する際には、自治体の福祉課の窓口や電話で事前申し込みが必要です。利用登録をしたうえで面接を行うこともあります。希望者が医療的介護などを必要とする場合、その状態によっては利用できないケースもあるので、あらかじめ確認しておいたほうがよいでしょう。

Part 5
14

〈経済支援〉傷病手当金

怪我や病気で
休業しているとき、
貴重な収入源となります

●被用者保険加入者が受けられる

仕事の業務以外で怪我をしたり、病気になったりして、働けなくなってしまったとします。会社を休んでいる期間は、事業主から十分な報酬が得られず、生活が不安定になるかもしれません。家族がいれば、家族の生活も揺らいでしまうでしょう。

そうしたとき、被用者保険に加入していれば、傷病手当金を受けられます。

傷病手当金とは、怪我や病気で休業中・療養中の被保険者とその家族の生活を保障するために設けられた制度です。

1日あたりの支給金額は、直近12ヵ月の標準報酬月額を平均した金額÷30×（2／3）という計算式で算出され、支給開始日から最長で通算1年6ヶ月が支給期間となります。

●4つの受給条件

傷病手当金を受給するためには、次の条件をすべて満たしている必要があります。

①業務外の事由による病気や怪我の療養のための休業であること、②仕事に就くことができないこと、③連続する3日間（待期期間）を含み4日以上仕事に就けなかったこと、④休業した期間について給与の支払いがないこと、の4つです。

このうち③について、3日連続で休むことを待期完成といいます。待期とは「時期が来るのを待つ」という意味で、待期が完成しないと給付を受けられません。

傷病手当金の受給条件

1 業務外の事由による病気や怪我の療養のための休業である

2 仕事に就くことができないこと

3 連続する3日間を含み4日以上仕事に就けなかった

4 休業した期間について給与の支払いがない

4つの条件をすべて満たしていれば、傷病手当金を受給することができる

待機期間の考え方

休 出 休 休 出 出 休 休 出 休
待機完成せず

休 休 休 出 休 休 休 休 休 休
待機完成（休 休 休）／傷病手当金の支給（休 休 休 休 休 休）

休 休 出 休 休 休 休 休 休 休
待機完成（休 休 休）／傷病手当金の支給（休 休 休 休）

傷病手当金の支給期間は、支給開始日から通算して1年6ヵ月

出所：全国健康保健協会

Part 5

15

〈経済支援〉

特別児童扶養手当

児童の生活が
豊かになるように
支援・サポートします

●保護者もしくは養育者に支払われる

特別児童扶養（ふよう）手当は、精神または身体に障害のある児童に手当を支給することにより、その児童の豊かな生活をサポートし、支えていくことを目的としています。つまり、障害のある子どもの健（すこ）やかな成長のためにつくられた制度です。

6つの条件（下図）のもと、障害の等級に応じて、児童が20歳になるまで、一定の金額が保護者もしくは養育者に支払われます。

手当が物価の変動にともなって調整されるため年度により額が違ったり、児童福祉施設に入所している児童は対象外になったりします。詳細は申請前に自治体の窓口などで確認しておくとよいでしょう。

特別児童手当の受給条件

❶給付対象の児童が20歳未満である

❷特別児童扶養手当が給付される対象である児童が日本国内に住んでいる

❸給付対象の児童の世話をしている保護者もしくは養育者が日本国内に住んでいる

❹給付対象の児童が児童福祉施設に入所していない（母子生活支援施設、保育所、通園施設は除く）

❺給付対象の児童が、障害が理由での公的年金を受給できない

❻受給者もしくはその配偶者、または扶養義務者の前年の所得が一定の額を超えていない

Part 5
16

〈経済支援〉
障害児福祉手当

手当を給付することにより障害児の福祉の向上をはかります

● 20歳未満の障害児の父母に支給される

児童福祉手当は、障害のある20歳未満の子どもを育てる家庭を対象とした手当です。主な対象の目安は、身体障害者手帳1級・2級、療育手帳A・Bです。手帳がなくても、目安と同程度の障害があると認定された場合は対象となります。

支給額は月1万5220円（令和5年4月）で、原則として5月、8月、11月、2月に3ヶ月分ずつ、障害のある子ども本人の口座に振り込まれます。ただし支給制限があり、本人や扶養義務者の所得が一定以上の場合などは支給されません。

申請手続きでは、医師による診断書や認定請求書などの提出が必要となります。

社会手当と年齢の関係

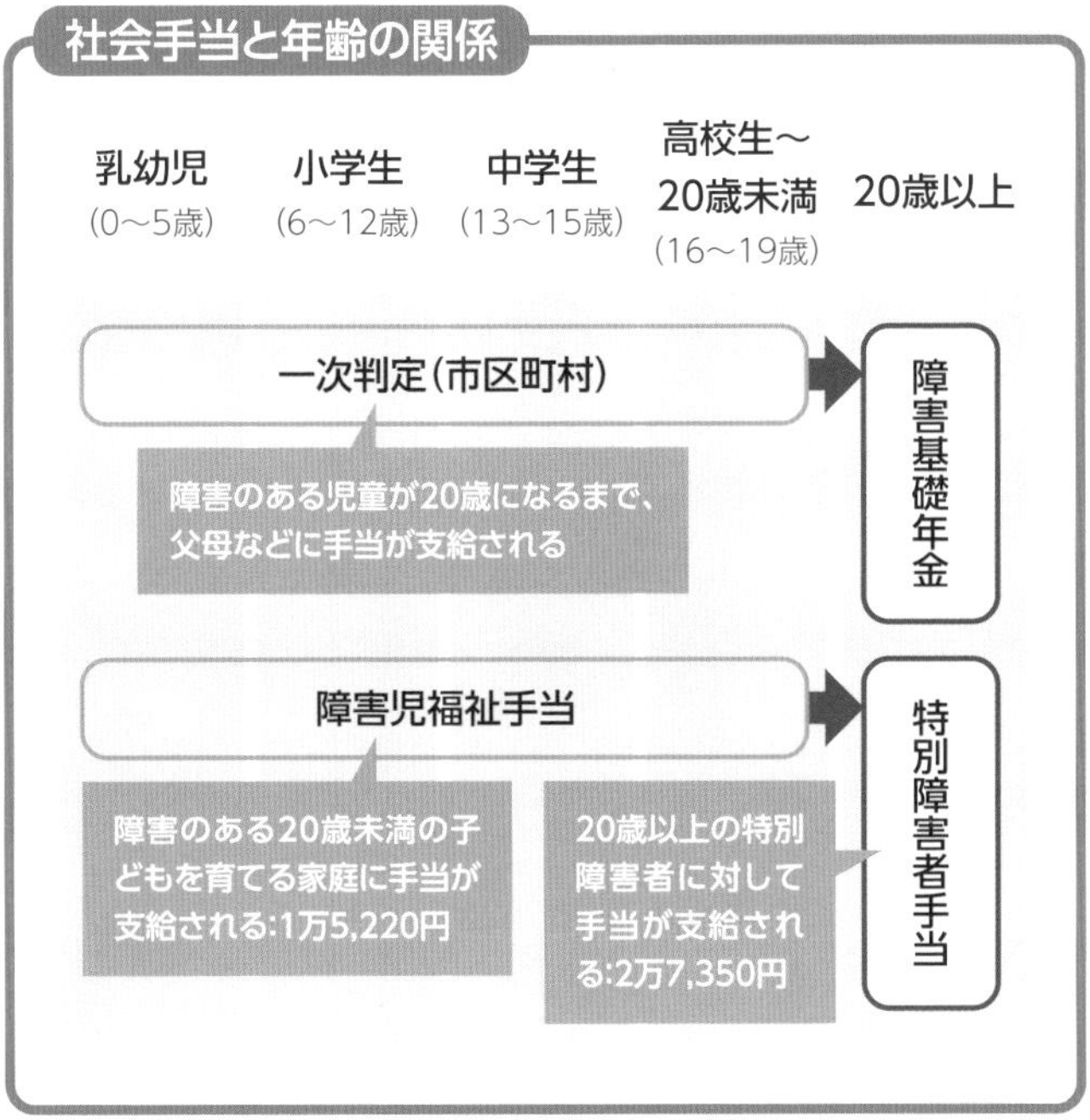

Part 5

17

〈経済支援〉

特別障害者手当

在宅で生活する重度障害者の負担を軽減します

20歳以上の重度障害者が対象

特別障害者手当は、重度の障害のある在宅生活者の経済的負担を軽減するために国から支給されます。対象は、身体または精神に重度の障害をもち、常に特別な介護が必要な20歳以上の在宅生活者。障害の程度の目安は、身体障害者手帳1級・2級程度、または療育手帳A程度の障害が重複している人、もしくはそれと同等の疾病・精神障害がある人です。具体的には、厚生労働省の「障害児福祉手当及び特別障害者手当の障害程度認定基準」に準じ、医師の診断書などの申請書類に基づいて自治体が認定をします。

申請には医師の診断書だけでなく、多数の書類が必要となります。

特別障害者手当の概要

目的

在宅で生活する重度の障害のある人の経済的負担を軽減する

対象

重度の障害をもち、特別な介護が必要な20歳以上の在宅生活者

障害の程度

身体障害者手帳1級・2級程度、または療育手帳A程度の障害が重複している方、もしくはそれと同等の疾病・精神障害がある方

支給額

2万7,350円

Part 5
18

〈経済支援〉

水道・下水道料金の減免

水道・下水道料金の基本料金が減免されます

自治体ごとに異なる減免措置

水は生命の源ですが、水道料金をおおむね3ヶ月以上滞納すると、給水停止となってしまいます。障害のある人で水道料金や下水道料金を支払うのが困難という場合は、自治体に申請を行うことにより、基本料金が減免されることがあります。

神奈川県横浜市では、身体障害者手帳1級・2級の人がいる世帯や知的障害で知能指数35以下の人がいる世帯などが、水道・下水道使用料の基本料金減免の対象となります。東京都では、特別児童扶養手当を受給していると、水道・下水道料金が減免されます。

自治体ごとに内容が異なるため、詳細は担当窓口に問い合わせをしてみましょう。

東京都の水道・下水道料金減免制度

水道料金

基本料金と1ヵ月当たり10㎥までの従量料金の合計額に、100分の110を乗じて得た額が免除になる

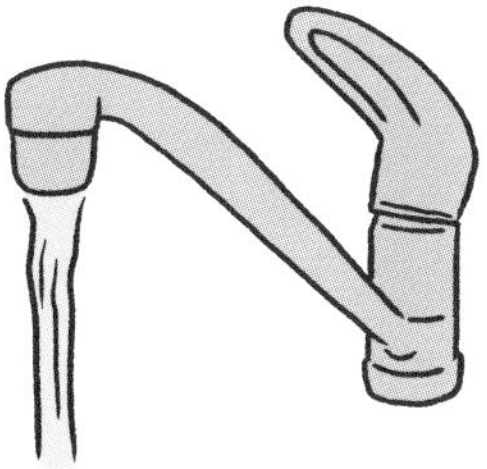

下水道料金

1ヵ月当たり8㎥までの料金が免除になる

Part 5
19

〈医療支援〉

医療費助成

障害者に対する
独自の医療費助成を
行っている自治体があります

医療費助成の3つの柱

自治体では、それぞれ独自に医療費の助成を行っている場合があります。それは、乳幼児を養育する親に対して保険診療の患者負担分を助成する乳幼児助成、父親または母親のいずれかとその子（児童）からなる家庭に対して保険診療の患者負担分を助成するひとり親助成、そして重度の障害のある人に対して保険診療の患者負担分を助成する障害者助成の３つを大きな柱としています。

障害者助成としては、たとえば心身（体）障害者医療助成制度が挙げられます。都道府県や市区町村に申請して認定されると、医療費の助成を受けることができます。その自治体のある都道府県内であれば、他市町村の医療機関でも受給者証を窓口に提示することで医療費の助成を受けることができますが、別の都道府県の医療機関で診療を受ける場合には使用できません。

東京都は2割の助成

東京都の場合、心身（体）障害者医療助成の対象は、身体障害者手帳1級・2級、療育手帳（愛の手帳）1度・2度、精神障害者保健福祉手帳1級の人が主となります。これにより医療費の2割が助成され、本人負担は1割で済みます。

ただし、助成対象や内容は自治体によって違っており、障害の程度によって全額が助成されたり、負担の割合が2割以下になったりすることもあるので、詳細は障害者医療の担当課に問い合わせてみてください。

自治体による医療費助成の柱

障害者助成

重度の障害のある人に対して保険診療の患者負担分を助成する

乳幼児助成

乳幼児を養育する親に対して保険診療の患者負担分を助成する

ひとり親助成

父親または母親のいずれかとその子（児童）からなる家庭に対して保険診療の患者負担分を助成する

東京都の障害者医療助成の事例

医療費が5,000円の場合

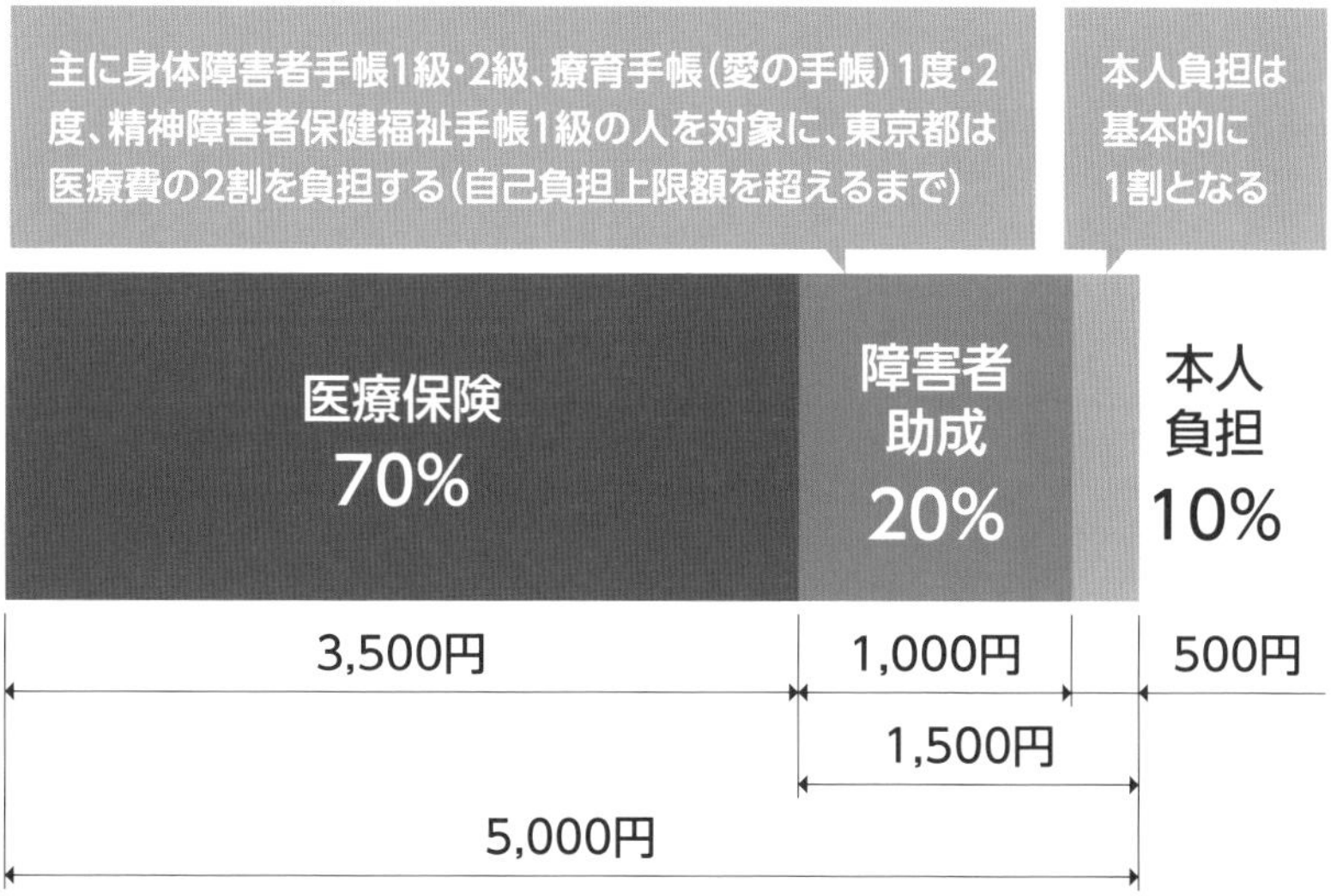
主に身体障害者手帳1級・2級、療育手帳（愛の手帳）1度・2度、精神障害者保健福祉手帳1級の人を対象に、東京都は医療費の2割を負担する（自己負担上限額を超えるまで）
本人負担は基本的に1割となる
医療保険 70%
障害者助成 20%
本人負担 10%
3,500円
1,000円
500円
1,500円
5,000円

Part 5

20

〈医療支援〉

小児慢性特定疾病医療費助成

小児慢性特定疾病の治療にかかる金額の負担を軽減します

長期にわたる慢性疾病

幼少期から長期にわたる治療が必要な慢性疾患（まんせいしっかん）を患うと、医療費の負担が大きくなり、生活に支障をきたすこともあります。

そうした負担を軽減するために設けられているのが、小児慢性特定疾病医療費助成です。

小児慢性特定疾病医療費助成では、児童などの慢性疾病のうち、特定の疾患に罹患（りかん）した人の医療費（自己負担分）が公費で負担されます。

たとえば小児がんなどは、治療期間が長くなり、そのぶん医療費も高額になりがちです。そのため適切な治療を受けることができず、生活の質が低下してしまうケースが少なくありません。そこで小児慢性特定疾病医療費助成は、児童の健全育成を目的に、適切な治療方法の確立と患者家庭への医療費の負担軽減から、医療費の自己負担分を補助するのです。

指定医による医療意見書が必要

小児慢性特定疾病医療費助成の対象者は、788を数える小児慢性特定疾病（左図）にかかっている原則18歳未満の児童です。

申請手続きでは、まず指定医療機関を受診し、小児慢性特定疾病の指定医による医療意見書を作成します。そして、それを自治体の窓口に提出すると、小児慢性特定疾病審査会で審議がなされます。

認定された場合に交付される医療認定書の認定期間は原則1年で、更新時期は自治体によって異なります。

小児慢性特定疾病とは

小児慢性特定疾病の4つの条件

慢性に経過する	生命を長期に脅かす	症状や治療が長期にわたって生活の質を低下させる	長期にわたって高額な医療費の負担が続く

↓

小児慢性特定疾病の16疾患群（788疾病）

❶悪性新生物	❾血液疾患
❷慢性腎疾患	❿免疫疾患
❸慢性呼吸器疾患	⓫神経・筋疾患
❹慢性心疾患	⓬慢性消化器疾患
❺内分泌疾患	⓭染色体または遺伝子に変化をともなう症候群
❻膠原病（こうげんびょう）	⓮皮膚疾患
❼糖尿病	⓯骨系統疾患
❽先天性代謝異常	⓰脈管系疾患

小児慢性特定疾病医療費助成申請手続きの流れ

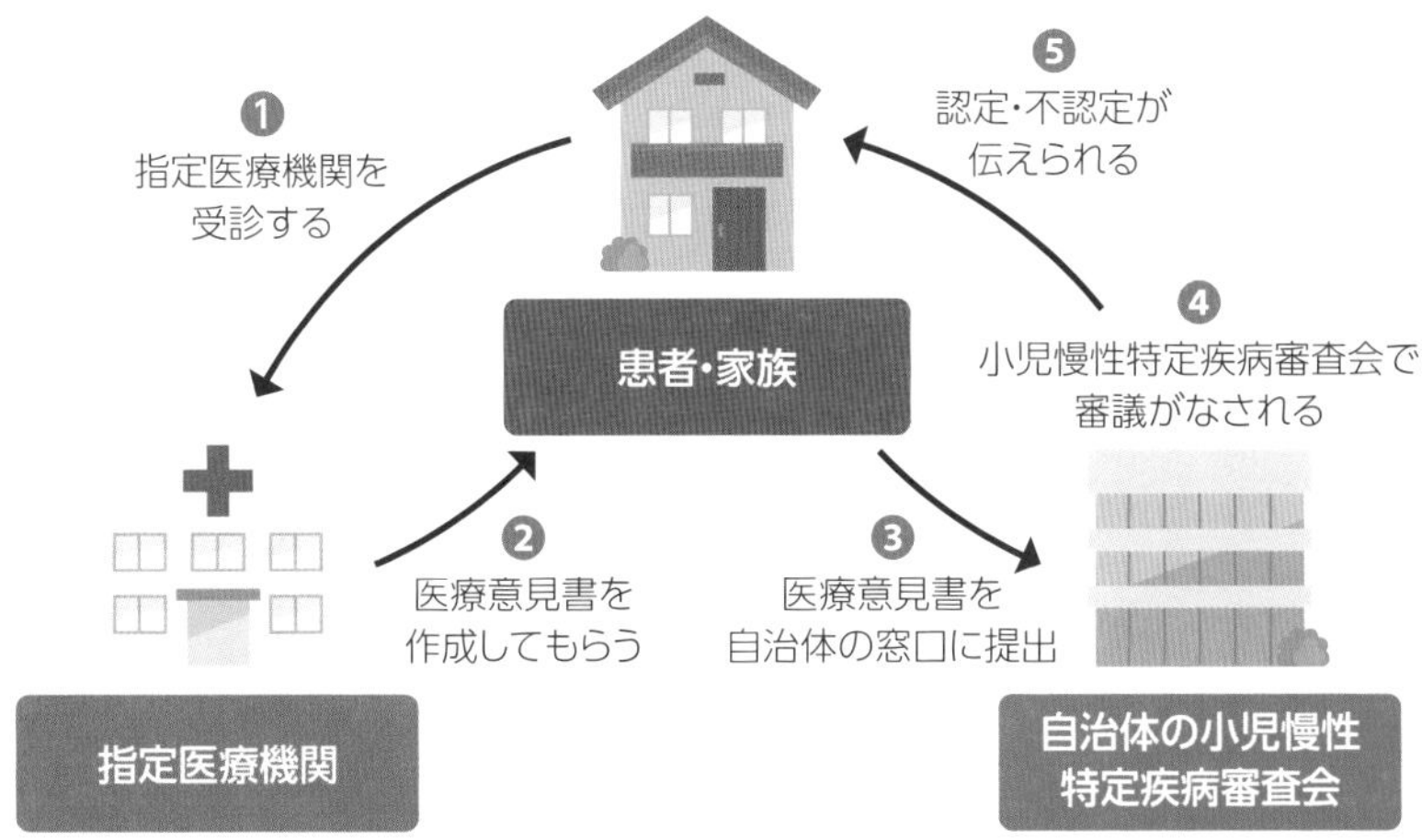
❶
指定医療機関を
受診する
❺
認定・不認定が
伝えられる
患者・家族
❹
小児慢性特定疾病審査会で
審議がなされる
❷
医療意見書を
作成してもらう
❸
医療意見書を
自治体の窓口に提出
指定医療機関
自治体の小児慢性
特定疾病審査会

Part5

21

〈医療支援〉

依存症支援

アルコール依存や
薬物依存、
ギャンブル依存などの
治療や支援をサポートします

●特定物質、プロセス、関係に依存する

依存症とは、特定物質、プロセス、関係に対して、自分ではやめたい意思があるのにやめられない、自分でコントロールができなくなる病気です。依存症にかかると自身の健康を害するばかりか、仕事、経済状態、日常生活や家族・人間関係などに多大な影響を及ぼすことになります。

まず特定物質としてはアルコール、ニコチン、シンナーや覚醒剤といった薬物、カフェインなどが挙げられます。ほかに、処方薬や市販薬などの不適切な使用によっても依存症にかかることがあります。

次にプロセスへの依存としては、買い物、インターネット、ゲーム、ギャンブルなどが知られています。２０１９年にはゲームにのめり込んで日常生活が困難になるゲーム障害が世界保健機関（ＷＨＯ）で新たに定義され、若い世代での広がりが懸念されるようになりました。

そして関係への依存では、特定の人間関係への共依存（相互に依存しあう関係）などがあります。

●支援を受けながら依存症と向き合う

依存症は意思の強さの問題と思われがちですが、そうではありません。病気であるため、治療や支援が必要です。周囲が心配して関わっても、本人が自分に起きている問題を認めて向き合うまでに時間を要します。

依存症の相談先としては、保健所や精神保健福祉センター、精神科医療機関等などがあります。治療する

主な依存対象

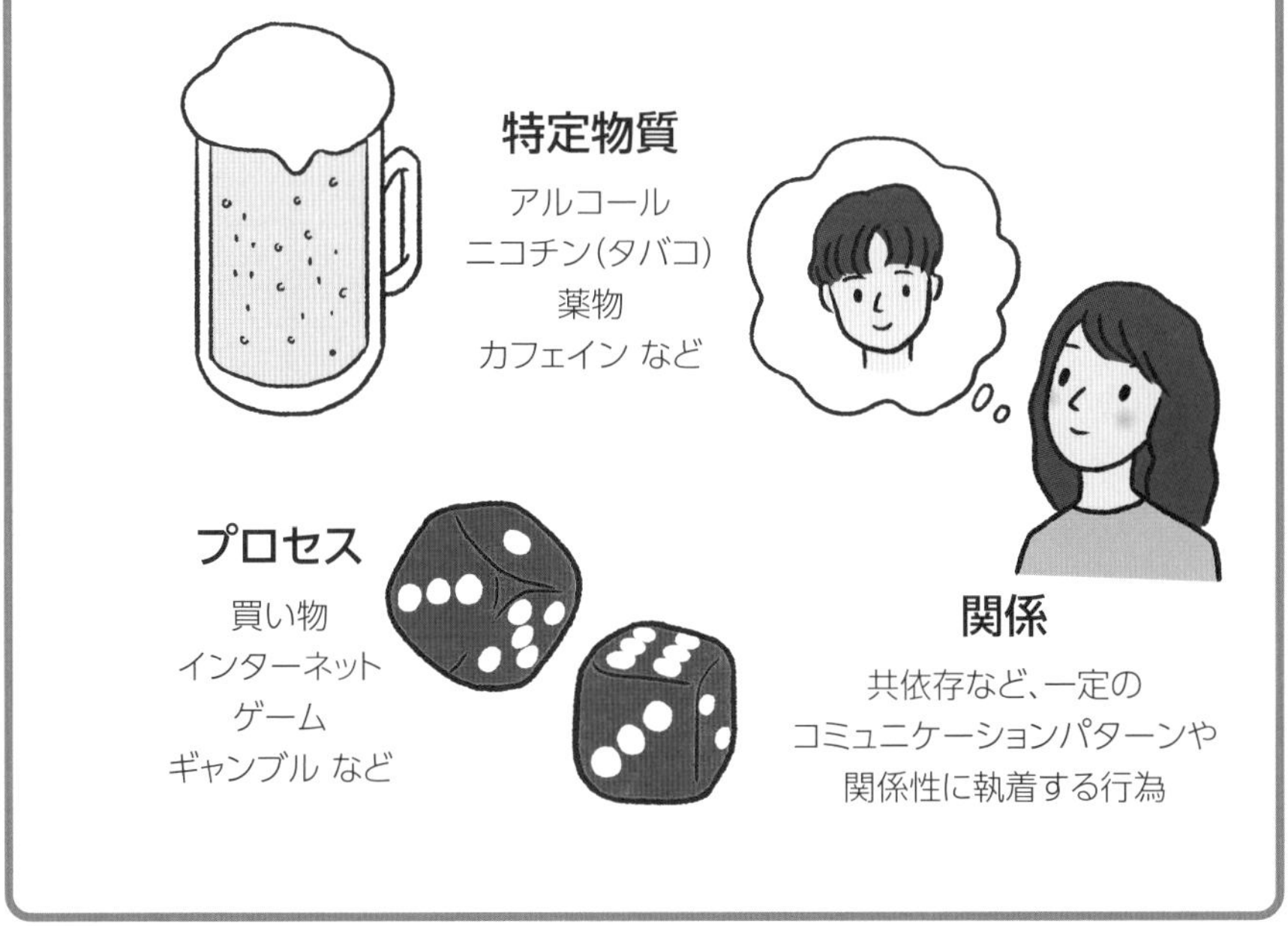

場合、精神科病院で診断、通院・入院治療が行われ、依存症とつき合う教育プログラムなどが施されます。

また、同じ問題を抱える人たちのグループ（自助グループ）に参加することも、回復への重要な役割を果たしています。アルコール依存ではＡＡ（アルコホーリクス・アノニマス）断酒会やアラノン、ギャンブル依存ではギャンブラーズ・アノニマスやギャマノン、薬物依存ではナルコティクス・アノニマスやナラノンなどが自助グループとして知られており、薬物依存に関しては民間リハビリ施設のダルクが各地にあります。

こうした自助グループに参加すると、依存と向き合いやすくなり、孤立が防がれ、回復した日常生活を送るモデルを知ることができ、その結果として、依存から抜け出して安定した暮らしを継続しようとするモチベーションの維持が期待できます。

依存症の当事者だけでなく、家族を対象に実施されている自助グループも少なくありません。家族同士が集まることで、本人への接し方などの具体的な支援の情報などを知ることができます。

Part 5

22

〈就労支援〉

地域障害者職業センター

専門的な職業
リハビリテーションの
サービスを提供する
機関です

各都道府県に最低1ヵ所ある

地域障害者職業センターは、独立行政法人高齢・障害・求職者雇用支援機構が運営しており、各都道府県に最低1ヶ所ずつ設置されています。専門的な職業リハビリテーションを提供する機関で、地域の就労支援機関と連携をはかり、就労支援から職場定着支援、そして職場復帰のフォローまで包括的に取り組んでいます。具体的には、次のようなサービスがあります。

・職業評価：就職に関する希望や生活状況、職歴などについてヒアリングした後、職業適性検査を実施します。検査で現状の職業能力を評価し、その内容をもとに職業リハビリテーション計画を作成します。

・職業準備支援：事業所内で用意されている就労場面を想定した職場環境で作業を行い、職業能力についての評価や助言をします。また、仕事をするうえで必要な知識やスキルを習得できるように、講習の場も提供します。

・ジョブコーチ支援：円滑に就職し仕事に適応できるよう、職場にジョブコーチを派遣して、利用者の障害特性をふまえた支援を検討・サポートします。企業と利用者の架け橋となるサービスです。

・精神障害者総合雇用支援：うつ病などメンタルの不調により休職となった方が対象のサービスで、リ

地域障害者職業センターの主なサービス

職業評価

職業適性検査によって現状の職業能力を評価し、その内容をもとに職業リハビリテーション計画をどういう形にするか決めていく

職業準備支援

就労場面を想定した職場環境で作業を行い、職業能力について評価したり助言したりする。講習の場も提供する

ジョブコーチ支援

雇用されている職場にジョブコーチを派遣し、障害特性をふまえた専門的支援を行う

精神障害者総合雇用支援

リワークカウンセラーやリワークアシスタントが人事担当者（事業主）や主治医と連携し、職場復帰に向けた支援を提供する

ワークカウンセラー（職業カウンセラー）やリワークアシスタントが人事担当者（事業主）や主治医と連携し、職場復帰に向けた支援を提供します。

・事業主に対するサポート：事業主が対象のサービスで、障害者雇用における要望や雇用管理上の相談、課題などを分析し、専門的な助言や援助を行います。

・関係機関へのサポート：地域の就労支援ネットワークを構築することを目的に、研修会や情報交換会などを企画・運営します。福祉と教育の連携など、各地域で求められるニーズに応じて、必要となるサポートを提供していきます。

地域障害者職業センターは無料で利用できます。利用する際は、最寄りのセンターに問い合わせ、相談する日時を決めます。各センターに障害者職業カウンセラーという専門スタッフがいるので、困ったことがあれば相談するとよいでしょう。

Part 5

23

〈就労支援〉

障害者就業・生活支援センター

雇用の促進や安定を目指して、就業面と生活面で支援を行います

通称は「なかぽつ」

地域障害者職業センターは、専門的な職業リハビリテーションのサービスを提供しています。それに対し、障害者の雇用の促進や安定をはかるため、地域における中核的な相談機関として、就業面と生活面で一体的な支援を行っている機関が障害者就業・生活支援センターです。「なかぽつ」「就ぽつ」ともいわれます。

このセンターが提供する就労面の支援とは、就業に関する相談、つまり職業準備訓練や職場実習への斡旋(あっせん)、就職活動の支援、職場定着に向けた支援を行います。さらに事業主に対して利用者の障害特性をふまえた雇用管理について助言をしたり、支援の連携拠点として関係機関との連絡調整を担ったりもしています。

障害者手帳がなくても利用可能

生活面では、利用者に日常生活・地域生活に関する助言を行います。たとえば生活習慣や健康、金銭など、毎日の生活における自己管理について、あるいは余暇活動や生活設計などにもアドバイスします。

さらに職場定着支援の強化をはかるため、２０１５年から主任職場定着支援担当者の配置が進められました。それにともない、職場定着や雇用管理に関する企業の一次相談窓口を担ったり、定着困難な方への支援なども行うようになっています。

なお、このセンターの利用対象者は、身体障害、知的障害、精神障害、発達障害などの障害がある人です。障害者手帳は必須ではありません。

障害者就業・生活支援センターの役割

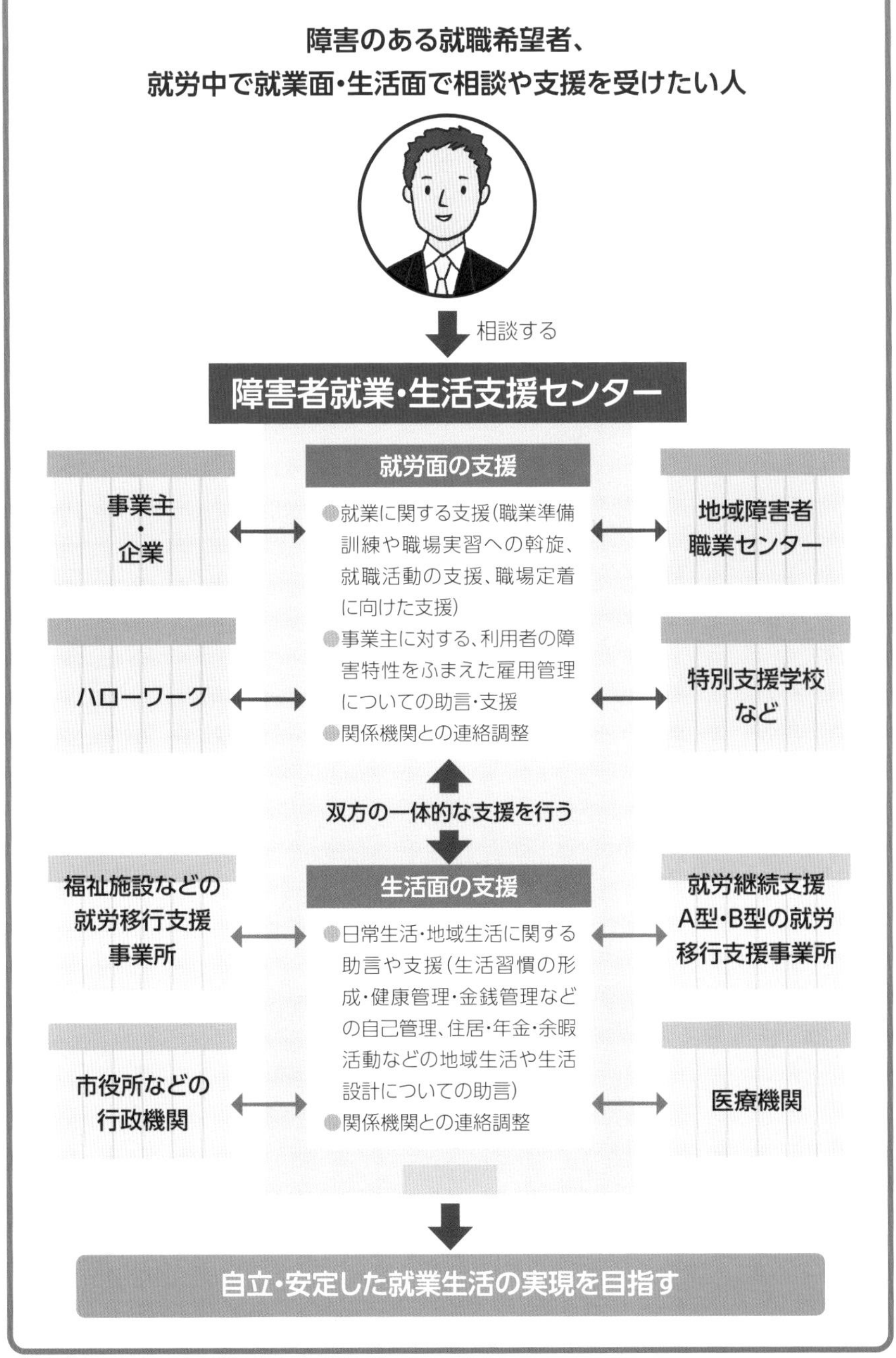
障害のある就職希望者、
就労中で就業面・生活面で相談や支援を受けたい人
相談する
障害者就業・生活支援センター
就労面の支援
●就業に関する支援(職業準備訓練や職場実習への斡旋、就職活動の支援、職場定着に向けた支援)
●事業主に対する、利用者の障害特性をふまえた雇用管理についての助言・支援
●関係機関との連絡調整
事業主・企業
ハローワーク
地域障害者職業センター
特別支援学校など
双方の一体的な支援を行う
生活面の支援
●日常生活・地域生活に関する助言や支援(生活習慣の形成・健康管理・金銭管理などの自己管理、住居・年金・余暇活動などの地域生活や生活設計についての助言)
●関係機関との連絡調整
福祉施設などの就労移行支援事業所
市役所などの行政機関
就労継続支援A型・B型の就労移行支援事業所
医療機関
自立・安定した就業生活の実現を目指す

Part 5

24

〈就労支援〉

職場適応援助者（ジョブコーチ）

職場への適応がなかなか進まないときに訪問支援をしてくれます

●3種類のジョブコーチ

障害のある人の職場適応に課題や困難が生じた際、サポートをするのが職場適応援助者（ジョブコーチ）です。障害のある人が職場で職務を遂行する際、また職場内のコミュニケーションをはかる際などに支援を行うほか、障害者を雇用する事業主に対しても障害特性をふまえた雇用管理などに関する支援を行います。

地域障害者職業センターに配置される配置型ジョブコーチ、社会福祉法人などに所属し、企業を訪問して就労を支援する訪問型ジョブコーチ、障害者を雇用する企業に直接雇用され、就労を支援する企業在籍型ジョブコーチの3種類に分かれており、それぞれが連携して支援を行うこともあります。

●段階に応じて変化する支援

ジョブコーチによる支援は、段階に応じて変化していきます。まず支援を開始してまもない時期は、訪問の頻度を多くするなど、集中したサポートを実施します。職務や環境に慣れてきたら、少しずつ訪問などによるサポートの頻度を減らしていきます。そして職場適応が進むにしたがって、支援の主体をジョブコーチから職場の担当者に移行させていくのです。

支援期間は1～8ヶ月の間で、個別の状況や職場のニーズに応じて設定されます。職場適応に関する課題が解決し、障害のある方と事業主側で適切なコミュニケーションがはかれるようになったら、支援の介入を徐々に減らしていきます。

ジョブコーチの役割

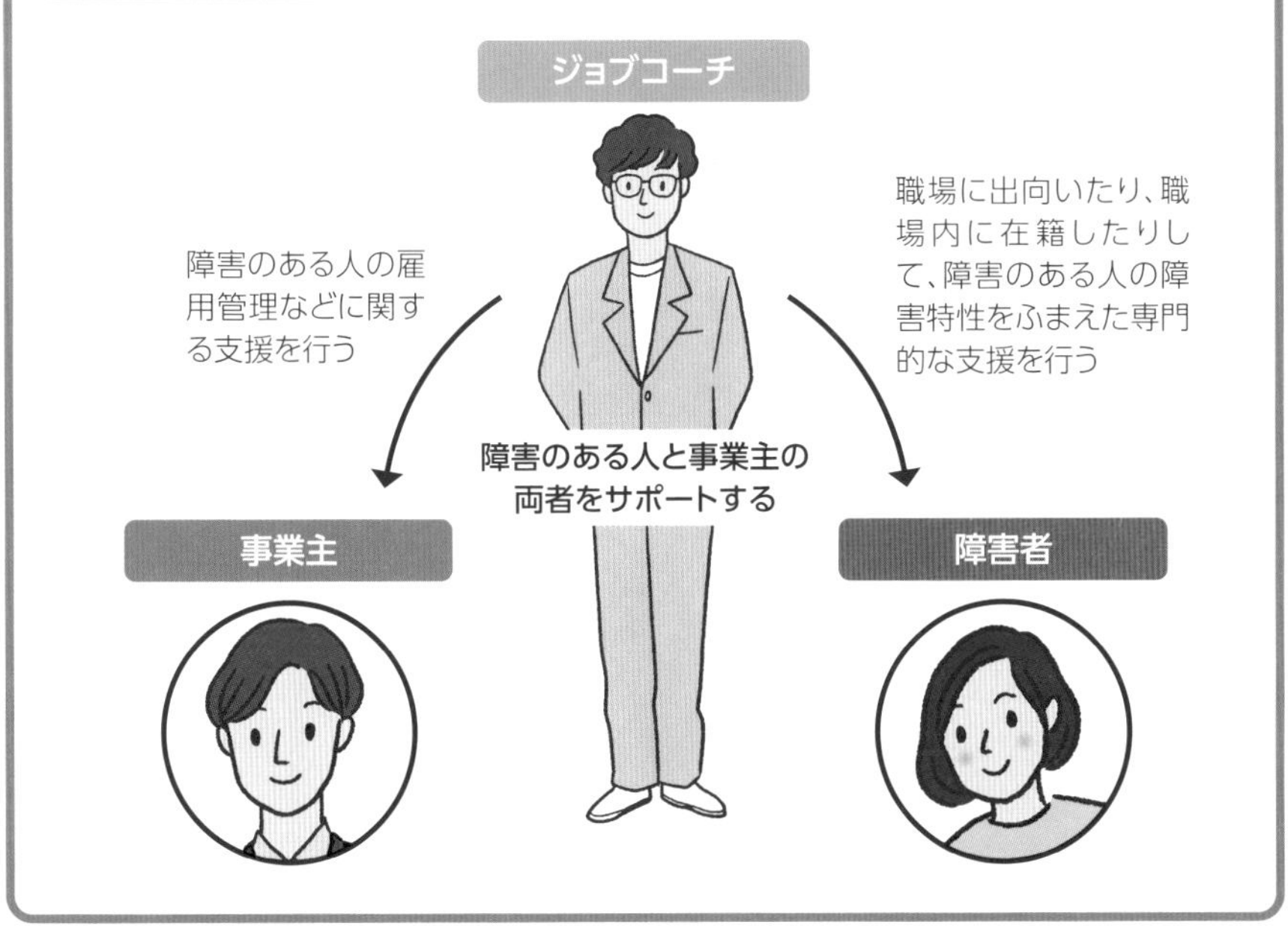
ジョブコーチ
障害のある人の雇用管理などに関する支援を行う
職場に出向いたり、職場内に在籍したりして、障害のある人の障害特性をふまえた専門的な支援を行う
障害のある人と事業主の両者をサポートする
事業主
障害者

ジョブコーチによる支援の流れ

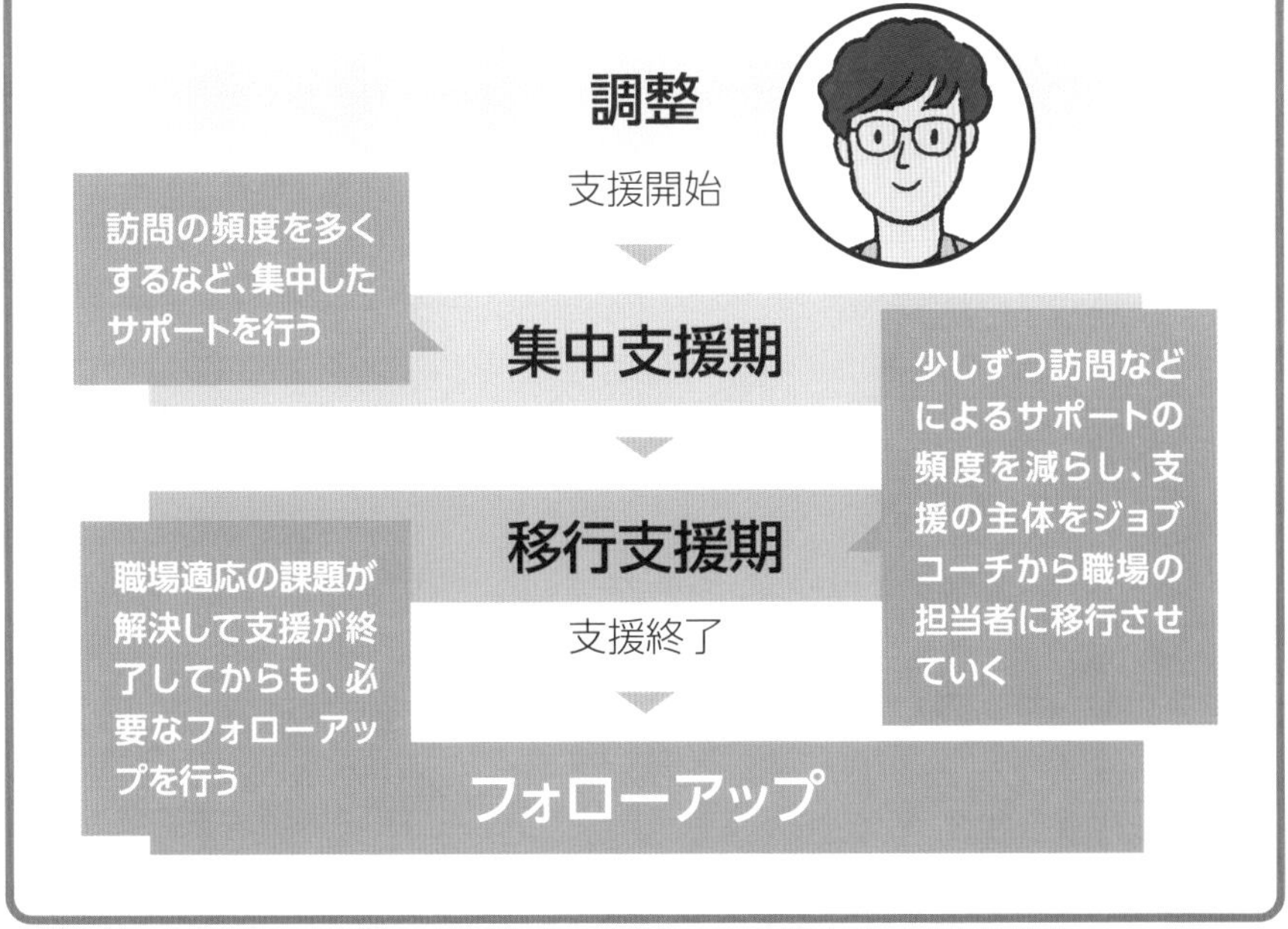
調整
支援開始
訪問の頻度を多くするなど、集中したサポートを行う
集中支援期
少しずつ訪問などによるサポートの頻度を減らし、支援の主体をジョブコーチから職場の担当者に移行させていく
移行支援期
支援終了
職場適応の課題が解決して支援が終了してからも、必要なフォローアップを行う
フォローアップ

Part 5
25
〈就労支援〉
地域若者サポートステーション

「サポステ」の名前で
知られている
「はじめの一歩」となる
サービスです

●障害の有無にかかわらず利用可能

通称「サポステ」とも呼ばれる地域若者サポートステーションでは、働くことに困難さを抱える15歳～49歳の人たちを対象に、就労に関する総合的な支援を行っています。厚生労働省が委託した全国のNPO法人、民間企業などが運営しており、障害の有無にかかわらず、サービスを受けることができます。

従来は39歳までが支援対象でしたが、2020年4月から49歳に引き上げられました。

地域若者サポートステーションで具体的にどんなサービスを提供しているかというと、キャリアコンサルタントによる専門的なキャリア相談をはじめ、会話に対する苦手意識を克服するコミュニケーション講座、基本的なビジネスマナー講座、パソコン講座、協力企業での就労体験、そして履歴書の書き方や採用面接の指導などです。

将来設計を考えたり、働くために必要なスキルを獲得したりと、スタッフと相談しながら取り組むことができます。

ハローワーク、医療、福祉などの専門機関や民間団体と連携して支援を行うこともあります。

利用期間は基本的に6ヵ月間とされていますが、必要に応じて延長することも可能です。

●宿泊型の集団プログラムもある

一部の地域若者サポートステーションでは、若年無業者等集中訓練プログラムという事業を提供していま

地域若者サポートステーションによる主な支援

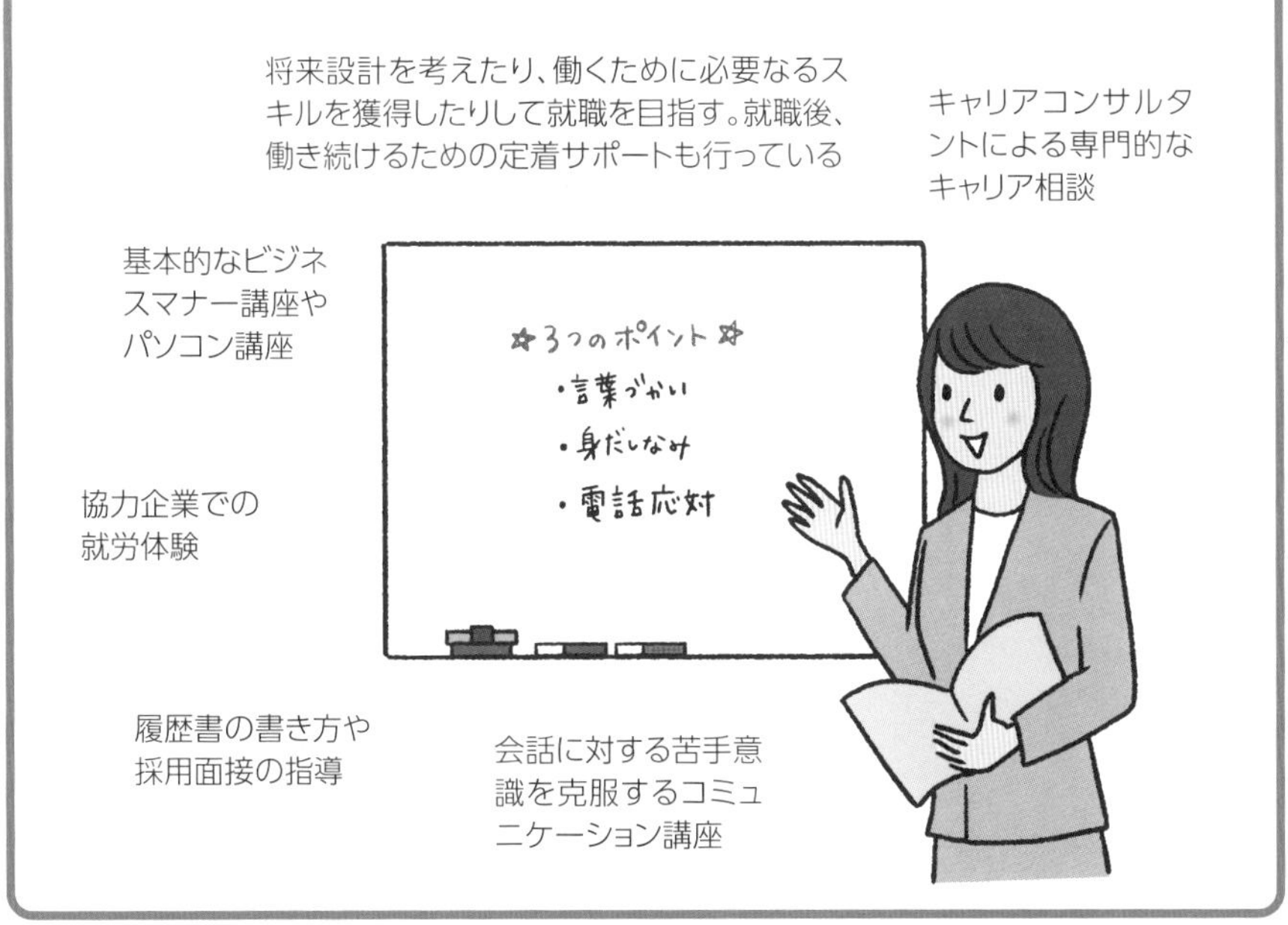
将来設計を考えたり、働くために必要なるスキルを獲得したりして就職を目指す。就職後、働き続けるための定着サポートも行っている
キャリアコンサルタントによる専門的なキャリア相談
基本的なビジネスマナー講座やパソコン講座
3つのポイント
・言葉づかい
・身だしなみ
・電話応対
協力企業での就労体験
履歴書の書き方や採用面接の指導
会話に対する苦手意識を克服するコミュニケーション講座

す。生活支援と職場実習を泊まり込みで行う集団プログラムです。

このプログラムにおいて、参加者は宿泊しながら規則正しい生活リズムや就職に必要なスキルを身につけていきます。精神障害や発達障害などの障害特性が影響し、生活リズムをうまく調整できないような人は、このプログラムに参加してみて、自身にあった取り組みを確認するとよいでしょう。

●きっかけづくりに適した事業所

いきなり就職活動を行うのは難しい、という人はたくさんいます。そういう人でも、まずは地域若者サポートステーションに通い、他人とのやり取りを段階的に体験していると、コミュニケーションのきっかけや自信に繋がることがあります。

地域若者サポートステーションは利用者の自己理解をサポートしてくれ、一緒にキャリアを考えてくれる事業所です。一人で就職活動を行うことに難しさを感じたら、足を運んでみてください。

Part 5

26

〈就労支援〉特例子会社

雇用促進と安定をはかるために子会社を設立します

年々増加している特例子会社

障害者雇用促進法では、43・5人（令和6年は40・0人）以上の従業員が在籍している企業に対し、一定の割合で障害のある人を雇用することを義務づけています。その割合を法定雇用率といい、民間企業の法定雇用率は2・3％（同2・5％）以上とされています。

しかし、会社の業種や規模などの理由から、障害のある人のために環境や制度を整えることが現実的に難しいケースが少なくありません。そこで設立されるのが特例子会社です。

特例子会社とは、障害のある方の雇用促進及び安定をはかるため、厚生労働大臣の認可を受けて設立される子会社のことです。厚生労働省の「障害者雇用状況の集計結果」によると、特例子会社の数は年々増加しており、2022年6月1日時点で579社となっています。

一般企業に比べて働きやすい環境にある

一般企業の障害者雇用では、障害のある人に制度や環境を合わせて柔軟に整えることが難しい場合があります。その点、特例子会社では、障害のある方が働くうえでの制度や環境が整備しやすくなっています。

たとえば「短時間勤務」が可能だったり、「通院のための休暇」が認められたり、「仕事（量・内容）の調整」ができるといった具合です。

一般の企業に比べると、特例子会社のほうが受けられる配慮の幅が広く、また働きやすい環境になってい

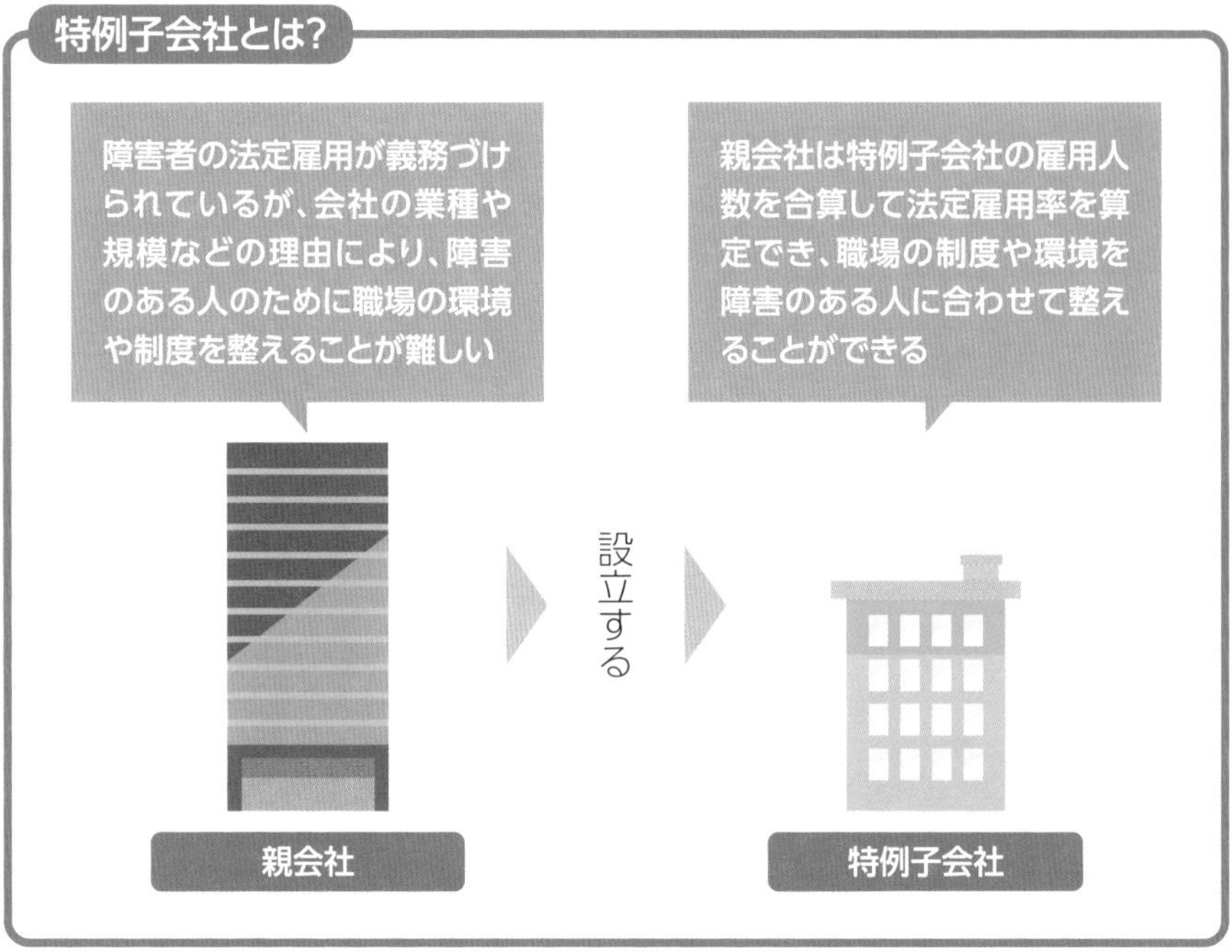
特例子会社とは?
障害者の法定雇用が義務づけられているが、会社の業種や規模などの理由により、障害のある人のために職場の環境や制度を整えることが難しい
親会社は特例子会社の雇用人数を合算して法定雇用率を算定でき、職場の制度や環境を障害のある人に合わせて整えることができる
設立する
親会社
特例子会社

るといえるでしょう。

障害をもちながら特例子会社に在籍している従業員は、親会社やそのグループ会社に雇用されているものとみなされます。そのため、障害のある人の法定雇用率を算定できるしくみとなっています。

●コンディションに合った働き方を

特例子会社で働く障害のある人の障害の種別をみると、知的障害のある人は52・２％、身体障害のある人は29・７％、精神障害・発達障害のある人は18・８％となっています。

また、厚生労働省の「障害者雇用状況の集計結果」のデータによると、精神障害・発達障害のある人が年々増加する傾向をみせています。その背景には２０１８年４月から、障害者雇用促進法の雇用対象が知的障害のある人と身体障害のある人に加え、精神障害・発達障害のある人も対象になったことがあります。

自分のコンディションに合った働き方を考えることが、何よりも大切になってきているのです。

Part 5

27

〈災害支援〉

福祉避難所

災害が起こったとき、
障害者の受け入れ先
となる施設です

●避難行動要支援者名簿への登録

２０１１年3月に発生した東日本大震災では、全住民の死亡率と比べて、障害のある人（障害者手帳所持者）の死亡率が2倍近く多かったと報告されています。これにより障害のある人の避難が重要な課題として浮き彫りになると、２０１３年に災害対策基本法が一部改正され、市町村では災害発生時の避難に特に支援を要する方の名簿（避難行動要支援者名簿）の作成が義務づけられました。

この名簿に登録し、平時から避難支援に関わる支援者に情報共有することに同意すると、名簿情報が支援者に共有され、平時においても見守り交流や防災訓練に活用されます。

こうした備えがあると、災害時にも支援が受けやすくなります。

●個別避難計画と防災マニュアル

さらに２０２１年の災害対策基本法改正では、避難行動要支援者の個別避難計画の作成が、市町村の努力義務になりました。市町村では障害者向け防災マニュアルなどを策定するところも増えています。

たとえば東京都心身障害者福祉センターのホームページでは、「知的障害のある方のための災害時初動行動マニュアル」が公開されています。これは文字どおり知的障害の方に向けた行動マニュアルで、どの地域に住んでいる人でも読んで活用できる内容になっています。

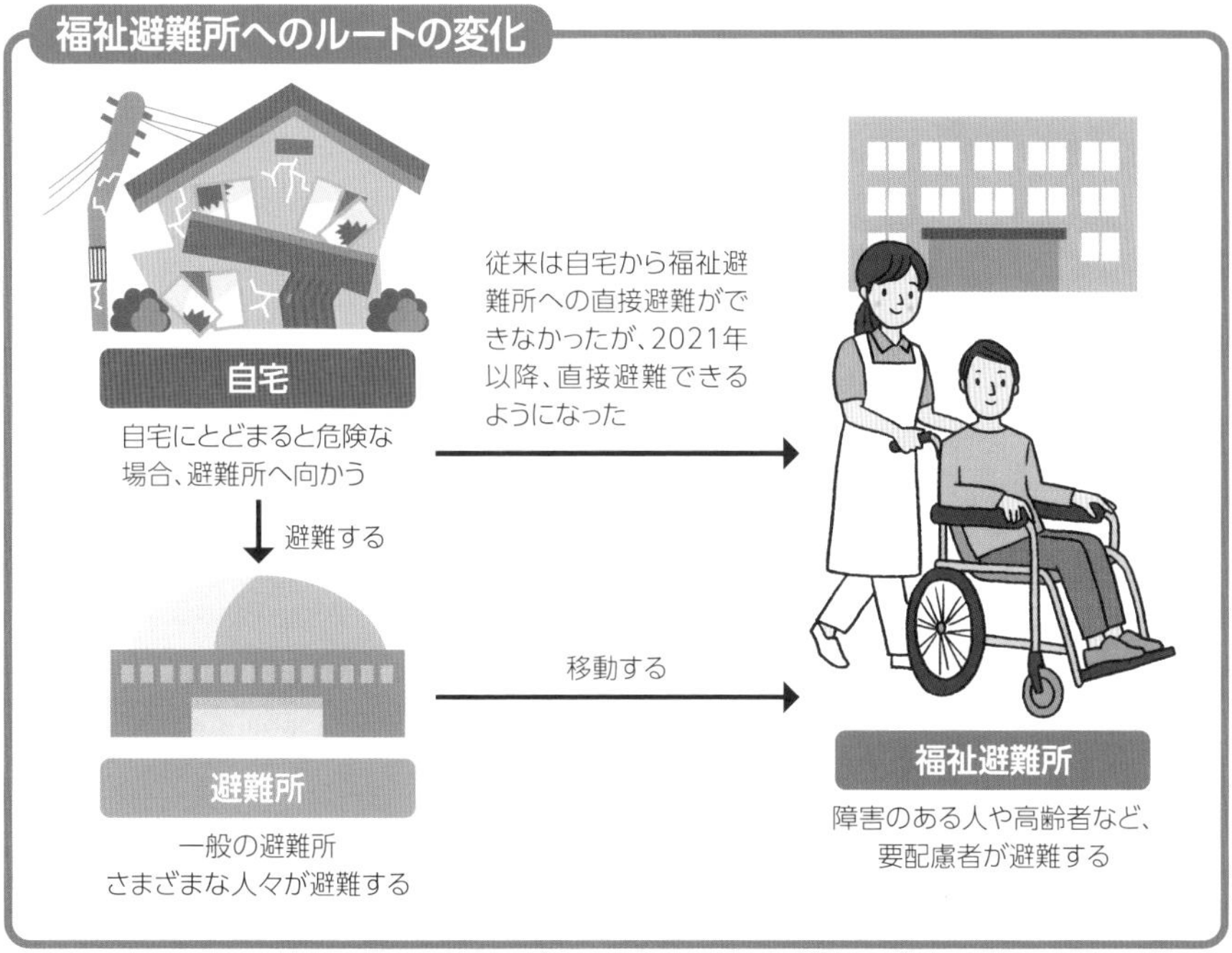

福祉避難所へのルートの変化
自宅
自宅にとどまると危険な場合、避難所へ向かう
避難する
避難所
一般の避難所
さまざまな人々が避難する
従来は自宅から福祉避難所への直接避難ができなかったが、2021年以降、直接避難できるようになった
移動する
福祉避難所
障害のある人や高齢者など、要配慮者が避難する

福祉避難所に直接避難可能になった

福祉避難所は、障害のある人や高齢者など発災時にとくに配慮が必要な人たちが利用する避難所です。

従来は発災後、自宅での避難が難しい状況になれば、各地に開設される避難所へ向かい（一次避難所）、その後、とくに配慮が必要な避難者は福祉避難所に移送されていました。しかし、この流れでは障害のある人をはじめとする要配慮者が一次避難所での生活に苦労したり、必要な支援が行われず二次被害が生じるなどの問題がありました。そこで２０２１年に国のガイドラインが変更され、要配慮者の福祉避難所への直接避難が可能になったのです。

ただし市町村によっては、従来どおり一次避難所から移送される運用になっている場合もあるので、福祉避難所の最新の利用方法を確認しておきましょう。また、避難所を利用する際には、ヘルプカードや常備薬、本人がリラックスできるもの（ゲームや本など）をもっていけるように備えておくことをおすすめします。

出所：厚生労働省
https://www.mhlw.go.jp/bunya/shougaihoken/shougaishatechou/dl/toukyu.pdf

肢体不自由			心臓、じん臓若しくは呼吸器又はぼうこう若しくは直腸、小腸、ヒト免疫不全ウイルスによる免疫若しくは肝臓の機能の障害
下肢	体幹	乳幼児期以前の非進行性の脳病変による運動機能障害	
①両下肢の機能を全廃したもの ②両下肢を大腿の2分の1以上で欠くもの	体幹の機能障害により坐っていることができないもの	**上肢機能** 不随意運動・失調等により上肢を使用する日常生活動作がほとんど不可能なもの **移動機能** 不随意運動・失調等により歩行が不可能なもの	**心臓機能障害** 心臓の機能の障害により自己の身辺の日常生活活動が極度に制限されるもの **じん臓機能障害** じん臓の機能の障害により自己の身辺の日常生活活動が極度に制限されるもの **呼吸器機能障害** 呼吸器の機能の障害により自己の身辺の日常生活活動が極度に制限されるもの **ぼうこう又は直腸の機能障害** ぼうこう又は直腸の機能の障害により自己の身辺の日常生活活動が極度に制限されるもの **小腸機能障害** 小腸の機能の障害により自己の身辺の日常生活活動が極度に制限されるもの **ヒト免疫不全ウイルスによる免疫機能障害** ヒト免疫不全ウイルスによる免疫の機能の障害により日常生活がほとんど不可能なもの **肝機能障害** 肝臓の機能の障害により日常生活活動がほとんど不可能なもの
①両下肢の機能の著しい障害 ②両下肢を下腿の2分の1以上で欠くもの	①体幹の機能障害により坐位又は起立位を保つことが困難なもの ②体幹の機能障害により立ち上がることが困難なもの	**上肢機能** 不随意運動・失調等により上肢を使用する日常生活動作が極度に制限されるもの **移動機能** 不随意運動・失調等により歩行が極度に制限されるもの	**ヒト免疫不全ウイルスによる免疫機能障害** ヒト免疫不全ウイルスによる免疫の機能の障害により日常生活が極度に制限されるもの **肝機能障害** 肝臓の機能の障害により日常生活活動が極度に制限されるもの

資料① 障害別等級表

身体障害者障害程度等級表(身体障害者福祉法施行規則別表第5号)

級別	視覚障害	聴覚又は平衡機能の障害		音声機能、言語機能又はそしゃく機能の障害	肢体不自由
		聴覚障害	平衡機能障害		上肢
1級	視力の良い方の眼の視力(万国式試視力表によって測ったものをいい、屈折異常のある者については、矯正視力について測ったものをいう。以下同じ。)が0.01以下のもの				①両上肢の機能を全廃したもの ②両上肢を手関節以上で欠くもの
2級	①視力の良い方の眼の視力が0.02以上0.03以下のもの ②視力の良い方の眼の視力が0.04かつ他方の眼の視力が手動弁以下のもの ③周辺視野角度(I/4視標による。以下同じ。)の総和が左右眼それぞれ80度以下かつ両眼中心視野角度(I/2 視標による。以下同じ。)が28度以下のもの ④両眼開放視認点数が70点以下かつ両眼中心視野視認点数が20点以下のもの	両耳の聴力レベルがそれぞれ100デシベル以上のもの(両耳全ろう)			①両上肢の機能の著しい障害 ②両上肢のすべての指を欠くもの ③1上肢を上腕の2分の1以上で欠くもの ④1上肢の機能を全廃したもの

肢体不自由			心臓、じん臓若しくは呼吸器又はぼうこう若しくは直腸、小腸、ヒト免疫不全ウイルスによる免疫若しくは肝臓の機能の障害
下肢	体幹	乳幼児期以前の非進行性の脳病変による運動機能障害	
①両下肢をショパー関節以上で欠くもの ②1下肢を大腿の2分の1以上で欠くもの ③1下肢の機能を全廃したもの	体幹の機能障害により歩行が困難なもの	**上肢機能** 不随意運動・失調等により上肢を使用する日常生活動作が著しく制限されるもの **移動機能** 不随意運動・失調等により歩行が家庭内での日常生活活動に制限されるもの	**心臓機能障害** 心臓の機能の障害により家庭内での日常生活活動が著しく制限されるもの **じん臓機能障害** じん臓の機能の障害により家庭内での日常生活活動が著しく制限されるもの **呼吸器機能障害** 呼吸器の機能の障害により家庭内での日常生活活動が著しく制限されるもの **ぼうこう又は直腸の機能障害** ぼうこう又は直腸の機能の障害により家庭内での日常生活活動が著しく制限されるもの **小腸機能障害** 小腸の機能の障害により家庭内での日常生活活動が著しく制限されるもの **ヒト免疫不全ウイルスによる免疫機能障害** ヒト免疫不全ウイルスによる免疫の機能の障害により日常生活が著しく制限されるもの(社会での日常生活活動が著しく制限されるものを除く。) **肝機能障害** 肝臓の機能の障害により日常生活活動が著しく制限されるもの(社会での日常生活活動が著しく制限されるものを除く。)
①両下肢のすべての指を欠くもの ②両下肢のすべての指の機能を全廃したもの ③1下肢を下腿の2分の1以上で欠くもの ④1下肢の機能の著しい障害 ⑤1下肢の股関節又は膝関節の機能を全廃したもの ⑥1下肢が健側に比して10センチメートル以上又は健側の長さの10 分の1以上短いもの		**上肢機能** 不随意運動・失調等による上肢の機能障害により社会での日常生活活動が著しく制限されるもの **移動機能** 不随意運動・失調等により社会での日常生活活動が著しく制限されるもの	**心臓機能障害** 心臓の機能の障害により社会での日常生活活動が著しく制限されるもの **じん臓機能障害** じん臓の機能の障害により社会での日常生活活動が著しく制限されるもの **呼吸器機能障害** 呼吸器の機能の障害により社会での日常生活活動が著しく制限されるもの **ぼうこう又は直腸の機能障害** ぼうこう又は直腸の機能の障害により社会での日常生活活動が著しく制限されるもの **小腸機能障害** 小腸の機能の障害により社会での日常生活活動が著しく制限されるもの **ヒト免疫不全ウイルスによる免疫機能障害** ヒト免疫不全ウイルスによる免疫の機能の障害により社会での日常生活活動が著しく制限されるもの **肝機能障害** 肝臓の機能の障害により社会での日常生活活動が著しく制限されるもの

級別	視覚障害	聴覚又は平衡機能の障害		音声機能、言語機能又はそしゃく機能の障害	肢体不自由
		聴覚障害	平衡機能障害		上肢
3級	①視力の良い方の眼の視力が0.04以上0.07以下のもの（2級の2に該当するものを除く。） ②視力の良い方の眼の視力が0.08かつ他方の眼の視力が手動弁以下のもの ③周辺視野角度の総和が左右眼それぞれ80度以下かつ両眼中心視野角度が56度以下のもの ④両眼開放視認点数が70点以下かつ両眼中心視野視認点数が40点以下のもの	両耳の聴力レベルが 90デシベル以上のもの（耳介に接しなければ大声語を理解し得ないもの）	平衡機能の極めて著しい障害	音声機能、言語機能又はそしゃく機能の喪失	①両上肢のおや指及びひとさし指を欠くもの ②両上肢のおや指及びひとさし指の機能を全廃したもの ③1上肢の機能の著しい障害 ④1上肢のすべての指を欠くもの ⑤1上肢のすべての指の機能を全廃したもの
4級	①視力の良い方の眼の視力が0.08以上0.1以下のもの（3級の2に該当するものを除く。） ②周辺視野角度の総和が左右眼それぞれ80度以下のもの ③両眼開放視認点数が70点以下のもの	①両耳の聴力レベルが80デシベル以上のもの（耳介に接しなければ話声語を理解し得ないもの） ②両耳による普通話声の最良の語音明瞭度が50パーセント以下のもの		音声機能、言語機能又はそしゃく機能の著しい障害	①両上肢のおや指を欠くもの ②両上肢のおや指の機能を全廃したもの ③1上肢の肩関節、肘関節又は手関節のうち、いずれか1関節の機能を全廃したもの ④1上肢のおや指及びひとさし指を欠くもの ⑤1上肢のおや指及びひとさし指の機能を全廃したもの ⑥おや指又はひとさし指を含めて1上肢の三指を欠くもの ⑦おや指又はひとさし指を含めて1上肢の三指の機能を全廃したもの ⑧おや指又はひとさし指を含めて1上肢の四指の機能の著しい障害

肢体不自由			心臓、じん臓若しくは呼吸器又はぼうこう若しくは直腸、小腸、ヒト免疫不全ウイルスによる免疫若しくは肝臓の機能の障害
下肢	体幹	乳幼児期以前の非進行性の脳病変による運動機能障害	
① 1下肢の股関節又は膝関節の機能の著しい障害 ②1下肢の足関節の機能を全廃したもの ③1下肢が健側に比して5センチメートル以上又は健側の長さの15分の1以上短いもの	体幹の機能の著しい障害	**上肢機能** 不随意運動・失調等による上肢の機能障害により社会での日常生活活動に支障があるもの **移動機能** 不随意運動・失調等により社会での日常生活活動に支障のあるもの	5・6・7級はなし
①1下肢をリスフラン関節以上で欠くもの ②1下肢の足関節の機能の著しい障害		**上肢機能** 不随意運動・失調等により上肢の機能の劣るもの **移動機能** 不随意運動・失調等により移動機能の劣るもの	
①両下肢のすべての指の機能の著しい障害 ②1下肢の機能の軽度の障害 ③1下肢の股関節、膝関節又は足関節のうち、いずれか1関節の機能の軽度の障害 ④1下肢のすべての指を欠くもの ⑤1下肢のすべての指の機能を全廃したもの ⑥1下肢が健側に比して3センチメートル以上又は健側の長さの20分の1以上短いもの		**上肢機能** 上肢に不随意運動・失調等を有するもの **移動機能** 下肢に不随意運動・失調等を有するもの	

備考

①同一の等級について二つの重複する障害がある場合は、1級うえの級とする。ただし、二つの重複する障害が特に本表中に指定せられているものは、該当等級とする。

②肢体不自由においては、7級に該当する障害が2以上重複する場合は、6級とする。

③異なる等級について2以上の重複する障害がある場合については、障害の程度を勘案して当該等級より上位の等級とすることができる。

④「指を欠くもの」とは、おや指については指骨間関節、その他の指については第一指骨間関節以上を欠くものをいう。

④「指の機能障害」とは、中手指節関節以下の障害をいい、おや指については、対抗運動障害をも含むものとする。

⑥上肢又は下肢欠損の断端の長さは、実用長(上腕においては腋窩より、大腿においては坐骨結節の高さより計測したもの)をもって計測したものをいう。

⑦下肢の長さは、前腸骨棘より内くるぶし下端までを計測したものをいう。

級別	視覚障害	聴覚又は平衡機能の障害		音声機能、言語機能又はそしゃく機能の障害	肢体不自由
		聴覚障害	平衡機能障害		上肢
5級	①視力の良い方の眼の視力が0.2かつ他方の眼の視力が0.02以下のもの ②両眼による視野の2分の1以上が欠けているもの ③両眼中心視野角度が56度以下のもの ④両眼開放視認点数が70点を超えかつ100点以下のもの ⑤両眼中心視野視認点数が40点以下のもの		平衡機能の著しい障害		①両上肢のおや指の機能の著しい障害 ②1上肢の肩関節、肘関節又は手関節のうち、いずれか1関節の機能の著しい障害 ③1上肢のおや指を欠くもの ④1上肢のおや指の機能を全廃したもの ⑤1上肢のおや指及びひとさし指の機能の著しい障害 ⑥おや指又はひとさし指を含めて1上肢の三指の機能の著しい障害
6級	視力の良い方の眼の視力が0.3以上0.6以下かつ他方の眼の視力が0.02以下のもの	①両耳の聴力レベルが70デシベル以上のもの(40センチメートル以上の距離で発声された会話語を理解し得ないもの) ②1側耳の聴力レベルが90デシベル以上、他側耳の聴力レベルが50デシベル以上のもの			①1上肢のおや指の機能の著しい障害 ②ひとさし指を含めて1上肢の二指を欠くもの ③ひとさし指を含めて1上肢の二指の機能を全廃したもの
7級					①1上肢の機能の軽度の障害 ②1上肢の肩関節、肘関節又は手関節のうち、いずれか1関節の機能の軽度の障害 ③1上肢の手指の機能の軽度の障害 ④ひとさし指を含めて1上肢の二指の機能の著しい障害 ⑤1上肢のなか指、くすり指及び小指を欠くもの ⑥1上肢のなか指、くすり指及び小指の機能を全廃したもの

	⑤中毒精神病によるものにあっては、認知症その他の精神神経症状があるもの ⑥器質性精神障害によるものにあっては、記憶障害、遂行機能障害、注意障害、社会的行動障害のいずれかがあり、そのうちひとつ以上が中等度のもの ⑦発達障害によるものにあっては、その主症状が高度であり、その他の精神神経症状があるもの ⑧その他の精神疾患によるものにあっては、上記の①～⑦に準ずるもの	は援助なしにはできない ⑧社会情勢や趣味・娯楽に関心が薄く、文化的社会的活動への参加は援助なしにはできない (上記①～⑧のうちいくつかに該当 するもの)
3級 精神障害であって、日常生活若しくは社会生活が制限を受けるか、又は日常生活若しくは社会生活に制限を加えることを必要とする程度のもの	①統合失調症によるものにあっては、残遺状態又は病状があり、人格変化の程度は著しくはないが、思考障害、その他の妄想・幻覚等の異常体験があるもの ②気分(感情)障害によるものにあっては、気分、意欲・行動及び思考の障害の病相期があり、その症状は著しくはないが、これを持続したり、ひんぱんに繰り返すもの ③非定型精神病によるものにあっては、残遺状態又は病状が前記①、②に準ずるもの ④てんかんによるものにあっては、発作又は知能障害その他の精神神経症状があるもの ⑤中毒精神病によるものにあっては、認知症は著しくはないが、その他の精神神経症状があるもの ⑥器質性精神障害によるものにあっては、記憶障害、遂行機能障害、注意障害、社会的行動障害のいずれかがあり、いずれも軽度のもの ⑦発達障害によるものにあっては、その主症状とその他の精神神経症状があるもの ⑧その他の精神疾患によるものにあっては、上記の①～⑦に準ずるもの	①調和のとれた適切な食事摂取は自発的に行うことができるがなお援助を必要とする ②洗面、入浴、更衣、清掃等の身辺の清潔保持は自発的に行うことができるがなお援助を必要とする ③金銭管理や計画的で適切な買物はおおむねできるがなお援助を必要とする ④規則的な通院・服薬はおおむねできるがなお援助を必要とする ⑤家族や知人・近隣等と適切な意思伝達や協調的な対人関係づくりはなお十分とはいえず不安定である ⑥身辺の安全保持や危機的状況での対応はおおむね適切であるが、なお援助を必要とする ⑦社会的手続や一般の公共施設の利用はおおむねできるが、なお援助を必要とする ⑧社会情勢や趣味・娯楽に関心はあり、文化的社会的活動にも参加するが、なお十分とはいえず援助を必要とする (上記①～⑧のうちいくつかに該当 するもの)

療育手帳の障害の程度及び判定基準

重度(A)の基準	①知能指数が概ね35以下であって、次のいずれかに該当する者 〇食事、着脱衣、排便及び洗面等日常生活の介助を必要とする 〇異食、興奮などの問題行動を有する ②知能指数が概ね50以下であって、盲、ろうあ、肢体不自由等を有する者
それ以外(B)の基準	重度(A)のもの以外

※なお、交付自治体によっては、独自に重度(A)とそれ以外(B)を細分化している場合もある

出所：厚生労働省

https://www.mhlw.go.jp/web/t_doc?dataId=00ta9587&dataType=1&pageNo=1

精神障害者保健福祉手帳障害等級判定基準

精神障害者保健福祉手帳の障害等級の判定は、(1)精神疾患の存在の確認、(2)精神疾患(機能障害)の状態の確認、(3)能力障害(活動制限)の状態の確認、(4)精神障害の程度の総合判定という順を追って行われる。障害の状態の判定に当たっての障害等級の判定基準を下表に示す。

障害等級	障害の状態	
	精神疾患(機能障害)の状態	能力障害(活動制限)の状態
1級 精神障害であって、日常生活の用を弁ずることを不能ならしめる程度のもの	①統合失調症によるものにあっては、高度の残遺状態又は高度の病状があるため、高度の人格変化、思考障害、その他妄想・幻覚等の異常体験があるもの ②気分(感情)障害によるものにあっては、高度の気分、意欲・行動及び思考の障害の病相期があり、かつ、これらが持続したり、ひんぱんに繰り返したりするもの ③非定型精神病によるものにあっては、残遺状態又は病状が前記①、②に準ずるもの ④てんかんによるものにあっては、ひんぱんに繰り返す発作又は知能障害その他の精神神経症状が高度であるもの ⑤中毒精神病によるものにあっては、認知症その他の精神神経症状が高度のもの ⑥器質性精神障害によるものにあっては、記憶障害、遂行機能障害、注意障害、社会的行動障害のいずれかがあり、そのうちひとつ以上が高度のもの ⑦発達障害によるものにあっては、その主症状とその他の精神神経症状が高度のもの ⑧その他の精神疾患によるものにあっては、上記の①～⑦に準ずるもの	①調和のとれた適切な食事摂取ができない ②洗面、入浴、更衣、清掃等の身辺の清潔保持ができない ③金銭管理能力がなく、計画的で適切な買物ができない ④通院・服薬を必要とするが、規則的に行うことができない ⑤家族や知人・近隣等と適切な意思伝達ができない。協調的な対人関係を作れない ⑥身辺の安全を保持したり、危機的状況に適切に対応できない ⑦社会的手続をしたり、一般の公共施設を利用することができない ⑧社会情勢や趣味・娯楽に関心がなく、文化的社会的活動に参加できない (上記①～⑧のうちいくつかに該当するもの)
2級 精神障害であって、日常生活が著しい制限を受けるか、又は日常生活に著しい制限を加えることを必要とする程度のもの	①統合失調症によるものにあっては、残遺状態又は病状があるため、人格変化、思考障害、その他の妄想幻覚等の異常体験があるもの ②気分(感情)障害によるものにあっては、気分、意欲・行動及び思考の障害の病相期があり、かつ、これらが持続したり、ひんぱんに繰り返したりするもの ③非定型精神病によるものにあっては、残遺状態又は病状が前記①、②に準ずるもの ④てんかんによるものにあっては、ひんぱんに繰り返す発作又は知能障害その他の精神神経症状があるもの	①調和のとれた適切な食事摂取は援助なしにはできない ②洗面、入浴、更衣、清掃等の身辺の清潔保持は援助なしにはできない ③金銭管理や計画的で適切な買物は援助なしにはできない ④通院・服薬を必要とし、規則的に行うことは援助なしにはできない ⑤家族や知人・近隣等と適切な意思伝達や協調的な対人関係づくりは援助なしにはできない ⑥身辺の安全保持や危機的状況での適切な対応は援助なしにはできない ⑦社会的手続や一般の公共施設の利用

出所：厚生労働省
https://www.mhlw.go.jp/web/t_doc?dataId=00ta4615&dataType=1&pageNo=1

出所：厚生労働省
https://www.mhlw.go.jp/content/000847376.pdf

2021年11月時点

番号	疾病名
93	血栓性血小板減少性紫斑病
94	限局性皮質異形成
95	原発性局所多汗症
96	原発性硬化性胆管炎
97	原発性高脂血症
98	原発性側索硬化症
99	原発性胆汁性胆管炎
100	原発性免疫不全症候群
101	顕微鏡的大腸炎
102	顕微鏡的多発血管炎
103	高IgD症候群
104	好酸球性消化管疾患
105	好酸球性多発血管炎性肉芽腫症
106	好酸球性副鼻腔炎
107	抗糸球体基底膜腎炎
108	後縦靱帯骨化症
109	甲状腺ホルモン不応症
110	拘束型心筋症
111	高チロシン血症1型
112	高チロシン血症2型
113	高チロシン血症3型
114	後天性赤芽球癆
115	広範脊柱管狭窄症
116	膠様滴状角膜ジストロフィー
117	抗リン脂質抗体症候群
118	コケイン症候群
119	コステロ症候群
120	骨形成不全症
121	骨髄異形成症候群
122	骨髄線維症
123	ゴナドトロピン分泌亢進症
124	5p欠失症候群
125	コフィン・シリス症候群
126	コフィン・ローリー症候群
127	混合性結合組織病
128	鰓耳腎症候群
129	再生不良性貧血
130	サイトメガロウィルス角膜内皮炎
131	再発性多発軟骨炎
132	左心低形成症候群
133	サルコイドーシス
134	三尖弁閉鎖症
135	三頭酵素欠損症
136	CFC症候群
137	シェーグレン症候群
138	色素性乾皮症
139	自己貪食空胞性ミオパチー
140	自己免疫性肝炎
141	自己免疫性後天性凝固因子欠乏症
142	自己免疫性溶血性貧血
143	四肢形成不全
144	シトステロール血症
145	シトリン欠損症
146	紫斑病性腎炎
147	脂肪萎縮症
148	若年性特発性関節炎
149	若年性肺気腫
150	シャルコー・マリー・トゥース病
151	重症筋無力症
152	修正大血管転位症
153	ジュベール症候群関連疾患
154	シュワルツ・ヤンペル症候群
155	徐波睡眠期持続性棘徐波を示すてんかん性脳症
156	神経細胞移動異常症
157	神経軸索スフェロイド形成を伴う遺伝性びまん性白質脳症
158	神経線維腫症
159	神経フェリチン症
160	神経有棘赤血球症
161	進行性核上性麻痺
162	進行性家族性肝内胆汁うっ滞症
163	進行性骨化性線維異形成症
164	進行性多巣性白質脳症
165	進行性白質脳症
166	進行性ミオクローヌスてんかん
167	心室中隔欠損を伴う肺動脈閉鎖症
168	心室中隔欠損を伴わない肺動脈閉鎖症
169	スタージ・ウェーバー症候群
170	スティーヴンス・ジョンソン症候群
171	スミス・マギニス症候群
172	スモン
173	脆弱X症候群
174	脆弱X症候群関連疾患
175	成人スチル病
176	成長ホルモン分泌亢進症
177	脊髄空洞症
178	脊髄小脳変性症(多系統萎縮症を除く)
179	脊髄髄膜瘤
180	脊髄性筋萎縮症
181	セピアプテリン還元酵素(SR)欠損症
182	前眼部形成異常
183	全身性エリテマトーデス

資料② 難病一覧

障害者総合支援法の対象疾病(難病)一覧 全366疾病

番号	疾病名
1	アイカルディ症候群
2	アイザックス症候群
3	IgA腎症
4	IgG4関連疾患
5	亜急性硬化性全脳炎
6	アジソン病
7	アッシャー症候群
8	アトピー性脊髄炎
9	アペール症候群
10	アミロイドーシス
11	アラジール症候群
12	アルポート症候群
13	アレキサンダー病
14	アンジェルマン症候群
15	アントレー・ビクスラー症候群
16	イソ吉草酸血症
17	一次性ネフローゼ症候群
18	一次性膜性増殖性糸球体腎炎
19	1p36欠失症候群
20	遺伝性自己炎症疾患
21	遺伝性ジストニア
22	遺伝性周期性四肢麻痺
23	遺伝性膵炎
24	遺伝性鉄芽球性貧血
25	ウィーバー症候群
26	ウィリアムズ症候群
27	ウィルソン病
28	ウエスト症候群
29	ウェルナー症候群
30	ウォルフラム症候群
31	ウルリッヒ病
32	HTLV-1関連脊髄症
33	ATR-X症候群
34	ADH分泌異常症
35	エーラス・ダンロス症候群
36	エプスタイン症候群
37	エプスタイン病
38	エマヌエル症候群
39	遠位型ミオパチー
40	円錐角膜
41	黄色靭帯骨化症
42	黄斑ジストロフィー
43	大田原症候群
44	オクシピタル・ホーン症候群
45	オスラー病
46	カーニー複合
47	海馬硬化を伴う内側側頭葉てんかん
48	潰瘍性大腸炎
49	下垂体前葉機能低下症
50	家族性地中海熱
51	家族性低βリポタンパク血症1(ホモ接合体)
52	家族性良性慢性天疱瘡
53	カナバン病
54	化膿性無菌性関節炎・壊疽性膿皮症・アクネ症候群
55	歌舞伎症候群
56	ガラクトース-1-リン酸ウリジルトランスフェラーゼ欠損症
57	カルニチン回路異常症
58	加齢黄斑変性
59	肝型糖原病
60	間質性膀胱炎(ハンナ型)
61	環状20番染色体症候群
62	関節リウマチ
63	完全大血管転位症
64	眼皮膚白皮症
65	偽性副甲状腺機能低下症
66	ギャロウェイ・モワト症候群
67	急性壊死性脳症
68	急性網膜壊死
69	球脊髄性筋萎縮症
70	急速進行性糸球体腎炎
71	強直性脊椎炎
72	巨細胞性動脈炎
73	巨大静脈奇形(頚部口腔咽頭びまん性病変)
74	巨大動静脈奇形(頚部顔面又は四肢病変)
75	巨大膀胱短小結腸腸管蠕動不全症
76	巨大リンパ管奇形(頚部顔面病変)
77	筋萎縮性側索硬化症
78	筋型糖原病
79	筋ジストロフィー
80	クッシング病
81	クリオピリン関連周期熱症候群
82	クリッペル・トレノネー・ウェーバー症候群
83	クルーゾン症候群
84	グルコーストランスポーター1欠損症
85	グルタル酸血症1型
86	グルタル酸血症2型
87	クロウ・深瀬症候群
88	クローン病
89	クロンカイト・カナダ症候群
90	痙攣重積型(二相性)急性脳症
91	結節性硬化症
92	結節性多発動脈炎

番号	疾病名
278	非ジストロフィー性ミオトニー症候群
279	皮質下梗塞と白質脳症を伴う常染色体優性脳動脈症
280	肥大型心筋症
281	左肺動脈右肺動脈起始症
282	ビタミンD依存性くる病／骨軟化症
283	ビタミンD抵抗性くる病／骨軟化症
284	ビッカースタッフ脳幹脳炎
285	非典型溶血性尿毒症症候群
286	非特異性多発性小腸潰瘍症
287	皮膚筋炎／多発性筋炎
288	びまん性汎細気管支炎
289	肥満低換気症候群
290	表皮水疱症
291	ヒルシュスプルング病（全結腸型又は小腸型）
292	VATER症候群
293	ファイファー症候群
294	ファロー四徴症
295	ファンコニ貧血
296	封入体筋炎
297	フェニルケトン尿症
298	フォンタン術後症候群
299	複合カルボキシラーゼ欠損症
300	副甲状腺機能低下症
301	副腎白質ジストロフィー
302	副腎皮質刺激ホルモン不応症
303	ブラウ症候群
304	プラダー・ウィリ症候群
305	プリオン病
306	プロピオン酸血症
307	PRL分泌亢進症（高プロラクチン血症）
308	閉塞性細気管支炎
309	β-ケトチオラーゼ欠損症
310	ベーチェット病
311	ベスレムミオパチー
312	ヘパリン起因性血小板減少症
313	ヘモクロマトーシス
314	ペリー症候群
315	ペルーシド角膜辺縁変性症
316	ペルオキシソーム病（副腎白質ジストロフィーを除く）
317	片側巨脳症
318	片側痙攣・片麻痺・てんかん症候群
319	芳香族L-アミノ酸脱炭酸酵素欠損症
320	発作性夜間ヘモグロビン尿症
321	ホモシスチン尿症
322	ポルフィリン症
323	マリネスコ・シェーグレン症候群
324	マルファン症候群
325	慢性炎症性脱髄性多発神経炎／多巣性運動ニューロパチー
326	慢性血栓塞栓性肺高血圧症
327	慢性再発性多発性骨髄炎
328	慢性膵炎
329	慢性特発性偽性腸閉塞症
330	ミオクロニー欠神てんかん
331	ミオクロニー脱力発作を伴うてんかん
332	ミトコンドリア病
333	無虹彩症
334	無脾症候群
335	無βリポタンパク血症
336	メープルシロップ尿症
337	メチルグルタコン酸尿症
338	メチルマロン酸血症
339	メビウス症候群
340	メンケス病
341	網膜色素変性症
342	もやもや病
343	モワット・ウイルソン症候群
344	薬剤性過敏症症候群
345	ヤング・シンプソン症候群
346	優性遺伝形式をとる遺伝性難聴
347	遊走性焦点発作を伴う乳児てんかん
348	4p欠失症候群
349	ライソゾーム病
350	ラスムッセン脳炎
351	ランゲルハンス細胞組織球症
352	ランドウ・クレフナー症候群
353	リジン尿性蛋白不耐症
354	両側性小耳症・外耳道閉鎖症
355	両大血管右室起始症
356	リンパ管腫症／ゴーハム病
357	リンパ脈管筋腫症
358	類天疱瘡（後天性表皮水疱症を含む）
359	ルビンシュタイン・テイビ症候群
360	レーベル遺伝性視神経症
361	レシチンコレステロールアシルトランスフェラーゼ欠損症
362	劣性遺伝形式をとる遺伝性難聴
363	レット症候群
364	レノックス・ガストー症候群
365	ロスムンド・トムソン症候群
366	肋骨異常を伴う先天性側弯症

番号	疾病名
184	全身性強皮症
185	先天異常症候群
186	先天性横隔膜ヘルニア
187	先天性核上性球麻痺
188	先天性気管狭窄症／先天性声門下狭窄症
189	先天性魚鱗癬
190	先天性筋無力症候群
191	先天性グリコシルホスファチジルイノシトール（GPI）欠損症
192	先天性三尖弁狭窄症
193	先天性腎性尿崩症
194	先天性赤血球形成異常性貧血
195	先天性僧帽弁狭窄症
196	先天性大脳白質形成不全症
197	先天性肺静脈狭窄症
198	先天性風疹症候群
199	先天性副腎低形成症
200	先天性副腎皮質酵素欠損症
201	先天性ミオパチー
202	先天性無痛無汗症
203	先天性葉酸吸収不全
204	前頭側頭葉変性症
205	早期ミオクロニー脳症
206	総動脈幹遺残症
207	総排泄腔遺残
208	総排泄腔外反症
209	ソトス症候群
210	ダイアモンド・ブラックファン貧血
211	第14番染色体父親性ダイソミー症候群
212	大脳皮質基底核変性症
213	大理石骨病
214	ダウン症候群
215	高安動脈炎
216	多系統萎縮症
217	タナトフォリック骨異形成症
218	多発血管炎性肉芽腫症
219	多発性硬化症／視神経脊髄炎
220	多発性軟骨性外骨腫症
221	多発性嚢胞腎
222	多脾症候群
223	タンジール病
224	単心室症
225	弾性線維性仮性黄色腫
226	短腸症候群
227	胆道閉鎖症
228	遅発性内リンパ水腫
229	チャージ症候群
230	中隔視神経形成異常症／ドモルシア症候群
231	中毒性表皮壊死症
232	腸管神経節細胞僅少症
233	TSH分泌亢進症
234	TNF受容体関連周期性症候群
235	低ホスファターゼ症
236	天疱瘡
237	禿頭と変形性脊椎症を伴う常染色体劣性白質脳症
238	特発性拡張型心筋症
239	特発性間質性肺炎
240	特発性基底核石灰化症
241	特発性血小板減少性紫斑病
242	特発性血栓症（遺伝性血栓性素因によるものに限る）
243	特発性後天性全身性無汗症
244	特発性大腿骨頭壊死症
245	特発性多中心性キャッスルマン病
246	特発性門脈圧亢進症
247	特発性両側性感音難聴
248	突発性難聴
249	ドラベ症候群
250	中條・西村症候群
251	那須・ハコラ病
252	軟骨無形成症
253	難治頻回部分発作重積型急性脳炎
254	22q11.2欠失症候群
255	乳幼児肝巨大血管腫
256	尿素サイクル異常症
257	ヌーナン症候群
258	ネイルパテラ症候群（爪膝蓋骨症候群）／LMX1B関連腎症
259	ネフロン癆
260	脳クレアチン欠乏症候群
261	脳腱黄色腫症
262	脳表ヘモジデリン沈着症
263	膿疱性乾癬
264	嚢胞性線維症
265	パーキンソン病
266	バージャー病
268	肺静脈閉塞症／肺毛細血管腫症
268	肺動脈性肺高血圧症
269	肺胞蛋白症（自己免疫性又は先天性）
270	肺胞低換気症候群
271	ハッチンソン・ギルフォード症候群
272	バッド・キアリ症候群
273	ハンチントン病
274	汎発性特発性骨増殖症
275	PCDH19関連症候群
276	非ケトーシス型高グリシン血症
277	肥厚性皮膚骨膜症

さくいん

た

◆執筆者について

編著者
鈴木裕介
すずき・ゆうすけ

明星大学人文学部福祉実践学科准教授。社会福祉士。大正大学人間学部人間福祉学科社会福祉学専攻卒業、高知県立大学大学院人間生活学専攻博士後期課程修了。病院のソーシャルワーカー(MSW)、高知県立大学社会福祉学部社会福祉学科助教を経て現職。著書に『〈社会福祉〉実践と研究への新たな挑戦』(共著・新泉社)、『これならわかるスッキリ図解 障害者総合支援法』(共著・翔泳社)などがある。

執筆
鈴木裕介

Part3:1・13・17・18・19・20・21・22・23/Part4:13・14・16・17・18・19

妹尾和美
せのお・かずみ

明星大学人文学部福祉実践学科教授。社会福祉士・精神保健福祉士・公認心理師・介護支援専門員。法政大学人間社会研究科福祉社会専攻修士課程修了。精神保健福祉士としてグループホーム勤務や退院支援などに従事経験あり。著者に『セルフヘルプグループ活動の実際』(共著・中央法規)『精神障害者の生活支援システム第3版』(共著・中央法規)がある。
Part2:3/Part4:7・15/Part5:21

髙木健志
たかき・たけし

佛教大学社会福祉学部社会福祉学科教授。精神保健福祉士・社会福祉士。高知県立大学大学院人間生活学研究科人間生活学専攻博士後期課程単位取得満期退学。精神科病院のソーシャルワーカー(MHSW)、川崎医療短期大学、山口県立大学を経て現職。著書に『農村ソーシャルワーク』(単著・学術研究出版)などがある。
Part2:1/Part4:5/Part5:4

竹森美穂
たけもり・みほ

関西学院大学人間福祉学部社会福祉学科助教。社会福祉士。関西学院大学社会学部社会福祉学科卒業後、医療ソーシャルワーカー(MSW)として勤務の傍ら、佛教大学大学院社会福祉学研究科博士後期課程を修了。宝塚医療大学社会福祉士養成課程を経て現職。著書に『新版 人と社会に向き合う医療ソーシャルワーク』(分担執筆・日本機関紙出版センター)がある。
Part2:2/Part4:6/Part5:5・11・27

縄岡好晴
なわおか・こうせい

明星大学人文学部福祉実践学科准教授。社会福祉士・精神保健福祉士・臨床発達心理士。宇都宮大学大学院教育学研究科修了。千葉県発達障害者支援センター係長、大妻女子大学人間関係学部人間福祉学科助教を経て現職。著書に『気になる子のインクルーシブ教育・保育』(分担執筆・中央法規)『自閉スペクトラム症のある子の「できる」をかなえる!』(共著・明治図書)などがある。
Part2:4/Part3:4・5・6・7・8・9・10・11・12・15・16/Part4:1・2・3・4・8・9・10・11・12/Part5:1・2・6・7・10・13・15・16・17・19・20・22・23・24・25・26

吉川かおり
よしかわ・かおり

明星大学人文学部福祉実践学科教授。東京学芸大学教育学部特殊教育学科卒業、東洋大学大学院社会学研究科社会福祉学専攻博士後期課程修了。愛知みずほ大学、東洋大学を経て現職。著書に『精神保健福祉システムの再構築−非拘束社会の地平』(共著・ミネルヴァ書房)、『自分の障害を知る・可能性を見る　みんなで知る見るプログラム』(共著・全国手をつなぐ育成会連合会)などがある。
Part1:1・2・3・4・5・6・7・8・9

● 本文デザイン：安田真奈己
● 本文図版・DTP：伊藤知広（美創）
● イラスト：いわせみつよ
● 編集協力：株式会社ロム・インターナショナル
● 編集担当：原智宏（ナツメ出版企画）

障害福祉に関する法律・支援・サービスのすべて

2023年8月1日　初版発行
2024年5月20日　第2刷発行

編著者　鈴木裕介

発行者　田村正隆

発行所　株式会社ナツメ社
東京都千代田区神田神保町1-52　ナツメ社ビル1F（〒101-0051）
電話　03（3291）1257（代表）　FAX　03（3291）5761
振替　00130-1-58661

制　作　ナツメ出版企画株式会社
東京都千代田区神田神保町1-52　ナツメ社ビル3F（〒101-0051）
電話　03（3295）3921（代表）

印刷所　ラン印刷社

ISBN978-4-8163-7426-5　Printed in Japan
〈定価はカバーに表示してあります〉〈落丁・乱丁本はお取り替えします〉